Bible Stories and Their Images on Romanesque Sculptural Capitals of Medieval Monastery Cloisters

중세 승원 회랑의
건축 조각에 재현된
성경적 인물과 그 배경

초판인쇄 2020년 9월 30일
초판발행 2020년 9월 30일

지은이 이희숙
펴낸이 채종준
기 획 이강임 · 유나
디자인 홍은표
마케팅 문선영 · 전예리

펴낸곳 한국학술정보(주)
주소 경기도 파주시 회동길 230(문발동)
전화 031 908 3181(대표)
팩스 031 908 3189
홈페이지 http://ebook.kstudy.com
E-mail 출판사업부 publish@kstudy.com
등록 제일산−115호(2000. 6. 19)

ISBN 979-11-6603-089-5 03920

Bible Stories and Their Images on Romanesque Sculptural Capitals of Medieval Monastery Cloisters

중세 승원 회랑의 건축 조각에 재현된 성경적 인물과 그 배경

이희숙 지음
Hee Sook Lee

이담Books

들어가며

예수의 삶

… 세계에서 가장 슬픈 나라는 예루살렘 주변 지역일 것이다. 반대로 갈릴리는 매우 녹색으로 그늘지며 미소짓는 지역, "노래 중의 노래"의 고향, 사랑하는 자의 노래들이다. 3~4월 두 달 동안, 이곳은 비교할 수 없는 여러 색상의 꽃밭을 이룬다. 동물들은 작고 다정하다 – 섬세하고 평평한 거북 비둘기. 너무 가벼워서 마치 잔디 풀을 구부리지 않고 그 잎에 누운 푸른 새들, 여행자의 발아래 모험하는 볏을 가진 종달새들, 부드럽고 활기찬 눈을 가진 조그만 강 거북들, 모든 어리석음을 제쳐둔 어둡고 신중한 황새들은 인간이 그들에 가까이 오는 것을 허락하고 거의 초대하는 것 같다. 세계의 어느 지방에도 산들이 더 조화롭게 퍼지거나 더 높은 곳으로 영감 주지 않는다. 예수는 그들에게 특별한 사랑을 가지고 있는 것 같다. 그의 신성한 경력의 가장 중요한 행동은 산에서 일어났다. 그곳에서 그는 영감을 받았다. 그곳에서 고대 선지자들과 비밀 교제를 가졌다. 그곳에서 그의 제자들은 그의 변형을 목격했다. (레난)[1]

---

1 Life of Jesus

… The saddest country in the world is perhaps the region round about Jerusalem. Galilee, on the contrary, was a very green, shady, smiling district, the true home of the Song of Songs, and

이 책은 10~13세기 중세 로마네스크 승원 회랑 시리즈의 마지막으로 성경에서 나타나는 인물과 그 주변에 관한다. 하나님의 성스러운 건물을 상징 또는 장식에 사용하는 조각 모티브에는 권위적으로 네 계층으로 나눈다. 상위가 인물, 둘째 동물, 셋째 식물, 하위가 아칸서스 모티브이다.

필자는 반대 방향으로, 아칸서스와 식물 연구를 시작하여 동물을 걸쳐, 인물에 관한 글로 접근하였다. 2018년 발간한『중세 승원 회랑의 초목과 꽃 조각 장식』과 2019년의『중세 승원 회랑 조각에 나타난 동물 우화 마뉴스크립의 종교적 상징』이다.

---

the songs of the well-beloved. During the two months of March and April, the country forms a carpet of flowers of an incomparable variety of colours. The animals are small and extremely gentle – delicate and level turtle-doves, blue-birds so light that they rest on a blade of grass without bending it, crested larks which venture almost under the feet of the traveller, little river tortoises with mild and lively eyes, storks with grave and modest mien, which, laying aside all timidity, allow a man to come quite near them, and seem almost to invite his approach. In no country in the world do the mountains spread themselves out with more harmony or inspire higher through. Jesus seems to have had a peculiar love for them. The most important acts of his divine career took place upon the mountains. It was there that he was the most inspired; it was there he held secret communion with the ancient prophets; and it was there that his disciples witnessed his transfiguration. (Renan)

그럴 이유가 있다.

한국에서 기독교를 바탕으로 세운 대학에 다녔던 불교 신자였던 필자는 매주 열리는 예배를 되도록 피하고 싶었다. 불교 신자라 양심에 꺼리는 점 외에, 예수 그리스도에 관한 모든 이야기가 믿어지지 않은 탓이다. 그러나, 동양의 로투스 모티브를 보면, 왠지 모르게 명상하게 되고, 이 습성은 서양에서 유학하는 동안 영국 캔터베리 성당의 아칸서스로 옮겨졌다. 헤아릴 수 없는 세월이 흘러, 그 사이 성경에 관심 두고, 신학도 공부, 연구하는 필자의 변한 모습은 하나님의 계획인지?

서양 중세는 암흑시대로 대부분 종교 신자가 문맹자이다. 교회는 이들에게 쉽게 기독교 교리를 가르치려 성경 텍스트들을 이미지로 옮겨, 예수 그리스도의 생애와 업적을 설명했다. 그 숨은 의도는 구약과 신약이 강조한 메시아의 출현에 희망 걸고, 세상 말에 이루어질 "하나님 나라" 건설에 참여함이다. 구약 사상은 이스라엘 율법을 지킴이고, 신약의 것은 인류를 대신해서 십자가에 못 박힌 그리스도의 복음과 그의 메시지 "이웃 사랑"을 배우고 실천함이다.

연구 대상으로, 이번에도 산티아고 순례길을 따라 로마네스크 장식이 가장 발전한 남프랑스-북스페인의 승원 회랑들을 참고 자료 및

방문을 통해 찾았다. 또다시 하나님, 부모님, 가족과 가까운 분들에
필자의 11째 책이 발간될 수 있는 정신, 실질적 배려에 감사드린다.
한국학술정보 이담북스의 끈임없는 협동의 아름다운 제스추어가
큰 몫을 담당함도 알리고 싶다.

2020년 헬싱키에서
이희숙

목차

CHAPTER

1

이스라엘
역사와 사회

역사적 배경

—

유대인들은 하나님과 아브라함이 맺은 계약으로 자신들을 하나님의 "택한 백성"으로 믿어 왔다. 하나님을 그들 삶 속에 허락하여 이 특별 관계를 지키며, 모든 법이 신성한 목적으로 복종하는 신권 국가에 대한 아이디어를 발전, 이스라엘이 독립되었을 때 실천으로 시도 할 수 있었다.

예수가 태어나기 수백 년 전, 이스라엘은 페르시아, 셀레우코스 (312~63 BC), 헬레닉 그리스, 로마 제국의 계승으로 통치되었다. 셀레우코스는 기원전 200년에 이스라엘을 정복, 관대한 군주들로 대제사장에게 권력을 위임하여 종교의 자유와 상당한 정치적 자율권을 주었다. 그러나 사회 상황으로 인한 불안과 봉기에 따라 박해가 시작되자 마카비(Maccabees, 168~164 BC)는 반란을 일으켰고, 이들의 정치적 복종 교환으로 종교적 관용이 허용되는 성공적인 휴전을 가져왔다. 한편 대제사장들은 기원전 129년 셀레우코스를 축출할 때까지 점점 더 많은 권력을 가지게 되었다. 내전으로 이끈 국제 불화는 이곳에 새 권력을 끌어당겨, 기원전 63년 로마의 폼페이우스 장군이 유다 왕국을 정복하였다. 폼페이우스는 이스라엘 성전을 입장하며 그릇된 통치에, 대제사장의 정치 권력을 취함으로써 유다 왕국을 약화하고 로마에 공물을 바치는 국으로 만들었다. 기원전 47년 폼페이우스를 전복시킨 카이사르(가이샤)는 좀 더 관대하여 대제사장에게 옛 권력을 돌려주고, 유다 왕국 총독 이두마에 안티파터를 대제사장의 고문으로 만들어 헤롯 왕조를 탄생시켰다.

이두마에 인들은 개종자로, 처음부터 유다 왕국의 남쪽 지역에서 유대인의 의심을 불러일으켰다. 그들은 또한 대제사장의 왕조가 쇠퇴하고 있던 시기에 로마 각 통치자의 비위를 맞추어 권력을 얻은 정치 기회주의자들이었다. 안티파터는 자신의 위치를 강화하려 그의 아들들에게 중요한 직책을 맡겼는데, 그중 한 명은 종교 당국을 경멸하며 로마에 동정심으로 경력을 시작했다. 최초 유대 법원 산헤드린(Sanhedrin)을 자문하는 자유 투쟁자들을 처형하며, 헤롯 대왕으로 직책에 올랐다.

이것은 기원전 37년으로 정치 기회주의 행위를 통한 결과이다. 헤롯은 대제사장이 반란하는 동안 로마에 호소, 유다 왕국을 점령할 큰 군대를 보조받았다. 이러한 잔인성에도, 대왕으로 알려짐은 그의 정치, 정치적 판단, 그리고 승리로 이끄는 능력이다. 또한 그는 현실주의자이다. 헤롯은 유대 독립의 불가능을 알고, 국가를 질서 잡아 자치국을 추구했다. 로마를 바라보며, 일부 문화 통합을 장려하고 그레코-로마 스타일의 광대한 재건 프로그램을 담당했다.

헤롯이 이교도 세계에서 유대 민족의 수호자이든 기회주의적 폭군이든, 그의 정책은 정치국가의 설립이다. 그에게 반역죄로 의심되는 사람들을 정죄할 뿐 아니라 숙청 군을 만들었다. 그의 정탐꾼과 비밀경찰은 어디에나 있었다. 자기 부하들이 그에 관해 무엇을 생각하는지를 물으면서, 변장으로 거리를 걸었으리라는 여담도 있다.

마지막 생에는 헤롯의 잔학 행위와 광적 박해가 증가하였다. 예수가 태어날 무렵 "무고한 자의 대학살"의 가능성은 어렵지 않다. 미래 유대인 왕의 출생지를 묻는 동방 조로아스터 교 제사장들의 출현은 헤롯에게 의심과 두려움의 끔찍한 확인이다. 이 위협의 용의자는 어디 있는가? 동방의 방문객들이 흔적 없이 사라졌을 때, 헤롯은 두 살 아래 모든 유아가 죽을 때까지 휴식을 취할 수 없었을 것이다.

서기 4년, 그의 죽음 후 그의 왕국은 세 아들 사이에 나누어졌다. 아르켈라오스는 그의 아버지를 계승, 같은 정치로 예루살렘 성전에서 3천 명을 살인하여 유다 왕국은 혁명에 가까웠다. 그는 이곳을 직접 통치 형태로 제정한 로마인들에 추방되었다. 서기 26년 본디오 빌라도가 이곳에 부임되었다. 그는 유대인들을 무시했고, 재판 없이 그들을 처형, 정치적 저항이나 종교 감정의 표현을 악의적으로 눌렀다. 심지어 성전 기금으로 수로를 건설하여, 서기 36년 로마로 역시 소환되었다.

예수의 사역 혹은 목회 기록에서 언급된 헤롯은 갈릴리를 다스리는 헤롯 안티파스이다. 그는 아버지나 다른 형제들보다 통치자로서 더 현명하며 악명 높은 쾌락주의자이다. 성전의 일에는 신중했으나, 침례 요한과의 충돌로 유명하다. 헤롯은 파괴적인 것으로 간주하는 것들, 예로 가족 모두에 대한 두려움을 공유하며 요한과 예수를 의심했다. 그의 이혼과 토라(Torah) 율법이 금지한 남동생 과부와 재혼을 비판한 요한을 마케루스 요새에 투옥했다. 복수심이 강한 헤롯 아내는 악의적으로 요한의 마지막 생을 마련하였다. 한 연회장에서 의붓딸 살로메의 춤에 빠진 헤롯은 그녀가 원하는 어떤 것도 약속, 그녀 어머니에 자극받은 살로메의 대답은 쟁반 위에 침례 요한의 머리이다.

한 말로 예수가 살던 당시 팔레스타인은 정치적 지뢰밭이었다. 정권에 대한 어떤 반대도 헤롯과 로마인에 억압되었다. 정치 테러 외에도 부당한 세금 부담은 빈곤층에게 가장 심했다. 출생지에 등록하는 로마 제국의 인구 조사는 미움을 받았으며, 로마에 복종한다는 사실은 유대인들을 고향으로 돌아가게 했다. 로마 병사들은 유다 왕국을 행진할 때 방패에 황제 모습을 담아 재치 있게 행동했지만, 백부장같이 나쁜 유대 대리인들은 이 군대를 무자비한 괴롭힘으로 이용할 수 있었다.

최초 기독교 전통은 예수의 탄생, 로마 제국의 인구 조사 및 유다 왕국과 관련 있다. 이 역사적 기록들이 실제이든 아니든 그들의 상징 가치는 엄청나다. 하나님은 자신의 백성이 평소보다 더 압제당할 때, 특히 두려움, 잔인, 비인간성으로 황폐해진 곳에서 그의 아들을 통해 인간 역사 속으로 들어감이다. 세상에 대한 하나님의 관심과 인간 상태의 거친 현실을 식별하려는 그의 소망을 더 잘 전달할 수 있는 것은 무엇인가? 메시아의 출현이다.

메시아

—

어휘 "메시아"는 "기름 부음"을 의미하는 히브리어 *mash'iah*에서 유래, 다윗 집안의 왕과 하나님의 특별한 관계를 나타낸다. 다윗이 왕위로 오르면서, 그는 하나님과의 공동체에 신성한 대표자와 중재자가 되었다. 이스라엘이 패배하고 자치권이 탈취되었을 때, 백성들은 다윗 집안에서, 이 혼돈에 대항하며 질서 권력의 초자연적 승리를 달성할 사람을 바라보았다.

기원전 587년 유다 왕국의 붕괴 후 이스라엘의 영적 지도자들은 메시아의 희망으로 백성들을 위로했다. 이 희망은 때때로 왕의 모습, 즉 구원을 가져올 여호와의 기름 부음 받은 자로 개념화되었다. 유대인들은 이스라엘의 권력이 회복되고 평화, 정의, 풍요의 황금시대를 고대했다. 메시아의 희망에는 항상 악에 대한 하나님 승리, 정당한 세계 질서의 회복, 무엇보다도 보편성이 포함된다. 아브라함과 맺은 성스러운 약속은 결실을 보고 구원은 모든 국가로 확대되는 점이다.

메시아를 묘사할 때 종종 다른 요소인 고통을 포함한다. 이 측면은 선지자 이사야가 고난의 하인 모습으로 묘사되었기 때문이다. 유대인들이 포로 상태에 있었을 때, 이사야의 노래들은 여호와가 자신의 백성을 버리지 않았으며, 그를 통해 하나님이 이스라엘을 일으키고 이방인들에게 구원을 베풀 것이라는 확신을 주었다. 하인으로서 이사야의 신비성은 하나님과 독특한 관계에도, 그를 큰 고통에 빠뜨렸다. 그러나 이 고통은 그가 봉사할 수 있는 고통이다. 그의 삶은 모든 인류를 위한 대리의 제물이 됨이다. 많은 사람은 이 신비한 인물을 이스라엘의 알레고리로 본다. 다른 사람들은 하나님의 메시지를 보편화하고 아브라함과 맺은 계약을 유대인들에게까지 전환할 모세보다 더 위대한 선지자로 간주했다.

몇 세기 후, 마카비의 반란에, 메시아에 대한 또 다른 개념이 나났는데, 다니엘서에 처음 나타났다. 이 인물은 자신의 왕국을 가져올 하나님의 기름 부음 받은 자이다. 그러나 메시아에 관한 개념들의 차이점은 역사의 맥락에서가 아니고 초자연적인 개입을 통해 인류 역사 말기에 이것을 수행함이다. 어쨌든, 다니엘은 상징 용어로 모든 세속 국가가 경의를 표할 큰 위력과 능력의 구속자로 묘사된다. 그가 지정한 대로 인간 아들은 출처가 확실치 않은 문서에도 나타나며, 이것은 수 세기 동안 억압으로 강화된 정치적 메시아의 아이디어들이 이 초자연 인물에게 초점을 맞추었다.

로마가 이스라엘의 군주로서 셀레우코스를 계승했을 때, 유대인의 불만은 열병에 이르렀다. 메시아에 관한 아이디어와 그의 재림에 대한 기대는 그 어느 때보다 확산하였다. (1) 이스라엘을 이방인과 죄인으로 숙청하고 쫓아낼 전통적인 다윗의 아들로서, (2) 그가 행한 경이로움을 증명하는 초인간적 존재로서, (3) 그의 적들의 시체를 땅에 흩어지게 만드는 메시아 왕국을 강제로 소개하는 더 야만적인 전쟁 인물이다.

당시 네 종교 파(바리새, 사두개, 열광자, 에세네)가 존재했다. 바리새와 사두개 종교 파들은 메시아의 출현에 관심이 거의 없었으며, 바리새인들은 기도와 율법 준수를 통해 하나님 나라를 이루려 노력했다. 열광자 종교 파는 국가 지도자를 찾고 있었고, 에세네 종교 파는 두 메시아의 재림을 믿어 제사장과 다윗 후손의 하나이다. 그러나 메시아의 갈망은 일반인들 가운데 가장 강하였다. 가난한 자, 소외 계층, 사회적 거부, 신체와 정신이 아픈 자로 그들의 희망 없는 상태에서 해제해 주는 해방자를 갈망했다.

따라서, 메시아로 자신을 공개적으로 선포하지 않는 예수의 꺼림은 자신의 시대의 불안정한 정치적 상황 투쟁의 문맥에서 이해할 수 있다. 직접적 의미에서 그의 백성을 해방하는 것은 다음 세대에 대한 그의 메시지를 무효화하고 특정 시간과 정권에만 연결했을 것이다. 그러나 고난과 항진(exaltation)은 예수 자신에 대한 이해에 내재한다. 그는 다른 사람을 위한 사람이자 인간의 고귀한 아들이다. 이 역설적 의미를 이해할 때, 예수는 여러 의미에 점점 메시아로 여겨졌다. (1) 하나님의 높은 아들로서 하나님의 권능을 나타내고, (2) 구약의 희망으로 가난한 자들과 압제당한 자들의 구세주로, 무엇보다도 (3) 하나님의 궁극적 계시이다.

율법과 예수

시나이산에서 모세에게 율법을 내린 것은 이스라엘을 통한 인류 구원에 하나님의 둘째 단계이다. 아브라함과 맺은 계약을 공고히 하고, 유대 민족의 마음에 경외감을 불러일으켰으며, 윤리적 일신교의 첫 표현을 쉽게 했다. 율법은 십계명(Ten Commandments)으로 구성되며 예배와 행동 수단과 규칙으로 의도한 61개의 다른 계율을 가진다. 이 모든 내용은 성서의 첫 오경(Pentateuch)에 기록되며 "서면 율법(Written Law)" 또는 "토라"라 불렀다. 토라는 율법과 성경에 나오는 계시 전체 내용을 의미한다.

토라는 함무라비의 바빌로니아 법(Babylonian Code of Hammurabi)과 유사점을 가지나, 개인과 사회의 도덕성과 종교를 연결하려는 첫 노력이라는 점에서 종교의 고유한 위치를 차지한다. 우상 숭배는 금지되고 일신교가 촉진된다. 정의와 공의는 모든 인간 행동의 기본이다. 개인과 사회 도덕은 노동자의 권리로 씌워져 노예의 권리가 확립되며, 비유대인을 환영하고 동등하게 대우해야 한다.

차츰, 토라는 변화된 경제, 정치 및 사회 상황에서 사람들과의 관련성을 유지하기 위해, 서면 법률에 대한 자발적 논평이 성장했다. 시나이 계시 이후 약 천 년, 바빌론 유배 하는 동안, 유대인 서기관들은 일반 사람들이 율법을 더 쉽게 이용할 수 있도록 애썼다. 해석학으로 알려진 일련의 규칙으로, 이를 통해 경전의 교훈을 어기지 않고도 율법을 검토하고 개발할 수 있었다. 서기 70년 유대 성전의 파괴 후, 구두법(Oral Law)이 탈무드에 기록되며, 그 자체가 많은 토론 수단이 되었다. 그러므로 율법은 항상 고정된 것이 아니고, 삶의 요구에 맞게 끊임없이 재평가되는 살아있는 하나님이 내린 전통이다. 시간이 지남에 따라 서기관들은 그 영향 아래 더 많은 삶을 가져오려 했다.

율법은 처음부터 사회에 영향 끼쳤다. 둘째 성전 시대 무렵에 유대 국가 전체가 로마 황제 카이사르의 범위 안에서 율법의 교훈으로 통치되었다. 일반 유대인에게 종교는 율법 형태로 모든 삶 영역에 스며들어, 안식일과 축제를 세심히 관찰하고 하루 중 정해진 시간에 어디든지 기도하였다. 그가 결혼할 수 있는 사람은 가족에서 그의 위치와 마찬가지로 율법에 의해 지시되었다. 하루 10시간 이상 하인에게 일을 시킴은 금지되며, 자신이 고용 된 노동자면 일몰 전에 임금을 지불받는 등, 노동 시간과 근로 조건은 법으로 정해졌다. 그는 재산 문제나 손해 배상의 청구에 랍비에게 법적 조언을 구했다. 청결은 엄격히 권고되며, 씻지 않고 음식을 먹는 것은 큰 공포로 여겼다.

율법은 이처럼 일상생활의 모든 측면을 다루어, 예수 자신도 독실한 유대인으로 성전을 숭배하고 유대 축제와 관습을 지켰다. 예수는 하나님이 내린 율법의 위치를 인정했으나, 율법이 영혼보다 쓰인 문자에 대한 순종, 본질보다 외부적 헌신이 될 가능성을 알았다. 예로, 안식일에 아프면 안식일 법을 어기는데도 치료를 받지 않아야 하는가? 선지자들처럼 예수는 자비와 정의, 사랑과 인류가 순수한 규정보다 더 중요함을 상기시켰다.

율법의 총계로써 "이웃 사랑"의 이상은 유대인의 윤리적 가르침에 확고하다. 예수는 이 가르침을 강화하였고, 적에 보복을 금하고 끊임없이 죄인들에 대한 사랑을 촉구함으로써, 율법을 완성으로 가져왔다.

예수는 사회적으로 존경받는 정통보다 평범한 사람들, 심지어 세금 공모자와 죄인들을 향했다. 세금 징수자들은 모든 간접적 세금을 거둠에 로마인들과 협력하여 그 과정에서 막대한 수익을 올린 유대인들이다. 그들은 마을 입구, 시장 및 교차로 같이 눈에 잘 띄는 곳에 있는 세관소에 앉아서 세금을 받아, 고정 금액만 국가에 지불하고 나머지를 챙겼다. 따라서 협력과 평등이 포기되는 과세에서 세금 징수자는 증오의 대상이었다.

용어 "죄인"은 도덕법을 범한 사람뿐 아니라 모세 율법을 지키지 않는 사람도 포함한다. 탈무드에 따르면, 남자는 의례적 청결 상태에서 음식을 먹지 않으면 약속한 땅에 살 수 없다. 어쨌든, 이 용어는 유대인들이 유배되었을 때 이스라엘에 정착한 농민들을 지정, 특히 노동자들에 적용되었다. 이들은 땅을 횡령하고 명령을 무시하여, 거룩함을 위한 이스라엘 종교, 문화 환경에서 의심과 불신으로 여겨졌다. 그러나 예수의 연민은 기존 종교의 심각성과 대조를 이룬다. 그는 도덕적 실패자를 찾고 친구가 되어 친밀한 몸짓으로 그들과 함께 식사했다. 중동의 모든 사람에게 평화와 수용을 암시함이다.

바리새인

—

단어 "바리새(Pharisee)"는 히브리어 *Perushim*(분리)에서 유래, 문화, 종교적인 모든 이교도 영향을 피하고, 법을 준수하지 않은 이스라엘인들과 의식적 순결을 통해 자신을 분리했다.

바리새인들은 마카비 반란 이후 뚜렷한 종교 정당으로 등장했지만, 점령 세력에 대한 그들의 태도 일부는 사임(resignation)이다. 그들은 정치적 자유의 불가능을 알고 종교 독립의 달성에 만족한 현실주의자들이다. 즉, 이스라엘의 정치 운명에서 관심을 그만두고 자신의 종교에 국한했다. 바리새인들에게는 모든 유대인처럼 율법이 가장 중요하다. 그러나 다른 더 엄격한 종파들과 달리 그들은 율법의 문자를 고수했을 뿐 아니라 그것을 구두의 논평으로 새롭게 하였다. 그들의 태도는 특정한 규칙에 따라 행해지는 경건한 논쟁으로, 시대 요구와 필요에 따라 기존 법률에 새 법률을 추가했다.

몇 예는 구두법의 효과를 보여준다. (1) 모세가 허락한 이혼을 비교적 쉽게 만들었다. 한 번 묶인 남편과 아내에 모세의 법을 대적하지 않으면서도 또 다른 성서 전통에 따라 더 어렵게 만들었다. 이혼한 아내에게 많은 돈을 지불하게 하여 남편이 아내를 거절함이 매우 어려운 점이다. (2) 안식일 준수로 엄격한 성서적 요구 사항이다.

기존 텍스트에서 여러 추가적인 금지로 안식일에 어떤 것도 불가능하게 되었다. 인간, 심지어 동물의 생명이 위기에 처했을 때 더 자유로운 사상을 가진 랍비가 예외를 만들 때까지이다. (3) 모든 부채는 7년째 해에 취소되어야 하는데, 이는 메시아 시대에 부의 불평등을 조정하기보다 헤롯 시대의 많은 문제의 원인이다. 채권자가 7년 전에 그의 미결제 부채를 징수할 권리를 갖도록 수정되었다.

바리새인의 가르침은 오늘날의 정통 유대교가 되었다. 그들은 죽은 자의 부활을 믿었으며 메시아 시대를 고대했다. 이 사상의 초자연적 요소를 근본적으로 지상에 공감하지 않고, 하나님 나라를 율법에 대한 순종을 통해 세우려고 노력했던 시대에 살았다.

대부분 종교 단체처럼 바리새인들은 자유주의자 랍비 힐렐과 보수자 삼마이의 두 파로 나누어졌다. 온유한 힐렐은 율법에 더 관대했다: "다른 사람들이 당신에게 하지 말아야 할 일을 하지 말아라"[2] 그리고 사랑, 정의와 평화의 윤리에서 에워쌌다. 삼마이는 토라의 텍스트에서 너무 멀리 떠남을 거절하며 훨씬 더 엄격하다. 두 사람의 다른 방식과 접근에, 힐렐은 논의할 수 있는 정교한 규칙을 개발했다.

복음서에 나오는 바리새인들의 묘사는 거칠지만, 주의 깊게 읽으면 일부는 예수의 친구들이다. 위선에 대한 비난은 유대 문학에서도 유사하다. 하나님과 그 이웃을 섬기려는 바리새인들도 있었지만, 이들의 기본 약점은 합법성과 전통에 대한 준수이다.

---

2 Do not unto others what you would not have others do to you.

반면, 예수는 법적 장벽이 없는 개인의 필요에 응답하였다. 아이러니하게도, 바리새인들은 율법에 대한 아이디어에 집착하여 유대교를 기독교 탄생과 유대 국가의 멸망에서 구해낼 수 있었다. 유대 성전이 불탔을 때 율법의 두루마리가 종이에 씌였을 뿐 아니라 율법을 마음속에 간직한 바리새인들은 영원에 관한 토론을 계속하여 탈무드에 기록했다.

예배 장소

—

고대 세계의 숭배 장소는 사람들이 모여 집회를 열 수 있는 공간이 아니고 그들이 바치는 물건을 가져와 그들 신을 축하하려 마련된 곳이다. 후기 유대 회당과 기독교 교회는 원래 사람들이 서로 만나는 장소였지만, 전통적인 이스라엘 예배 장소에서는 하나님을 만날 수 있었다. 그러므로 회중의 편의를 위해 예배 장소를 어디에서나 지을 수 없고, 하나님이 특정한 방식으로 계시한 성스러운 공간이 되어야 했다. 하나님 임재의 거룩함이 세상의 평범한 삶과 안전하게 교차할 수 있는 곳이다. 모세는 광야에서 타오르는 덤불에서 하나님을 만났을 때 그곳이 거룩한 장소임을 알아차렸다 (출애굽기 3:5~6). 이 특정 장소는 이스라엘이 정착한 주요 인구 중심지에서 먼 거리로 정기적인 예배 장소가 되지 못했다. 후기에 들어서 합법적인 예배 장소가 많아지며, 국가 지도자들은 하나님을 거기서 만났다. 예배 장소가 시간이 지남에 따라 바뀌었음을 구약을 통해 추적할 수 있다. 한 예가 성전이다.

성전

예루살렘 성전은 유대인들의 헌신에 특별 장소로, 고대 이스라엘의 가장 사랑받는 시편에서 축하 되었다. 유대인들의 믿음뿐 아니라 다윗의 후계자들 통치 장소로서, 예루살렘은 그들의 정치, 종교 열망을 하나로 묶은 국가 자아의식을 상징했다. 성전에 헌신은 종종 민족주의를 불러왔다. 예루살렘 시민들이 그들 도시에서 어떤 재앙도 일어나지 않는다는 믿음은 성전이 있기 때문이었다. 선지자들은 성전에서 하나님의 거룩한 임재가 인간의 구원과 심판의 표시임을 상기시켰으며, 하나님이 이미 그 건물을 떠났을 때도 참다운 숭배의 영원한 모습을 보존할 수 있었다.

구약 성경에는 솔로몬 성전 건축에 관한 포괄적 설명이 담겼다 (열왕기상 6:1~7). 그러나 성전 디자인의 세부 사항은 명확하지 않아, 학자들은 성전 모델을 재구성하려고 여러 제안을 내놓았다.

성전의 일반 배치는 고대 세계의 여러 사원과 유사하다. 이스라엘이 대규모 건축 프로젝트에 경험이 없고, 이 지역에서는 사원들도 발견되지 않아, 왕 솔로몬은 페니키아에서 노동자들을 초대하여 성전을 설계, 건설한 탓에, 이러한 유사성이 나타난다. 성전 배치는 다른 공간과 울로 둘러싸인 성소 중의 성소(Holy of Holies)가 있는 성막(tabernacle)이다.

대부분 학자는 천막이 후기 성전의 디자인임을 주장, 기본 구조는 세 개의 방으로 입구 홀, 본당과 약간 더 높은 곳에 성소 중의 성소로 구성된다. 입구 홀과 본당은 직사각형으로 입구 문이 짧은 측면에 있었고, 성소 중의 성소는 입방체로 계약의 궤가 보관, 황금으로 만든 두 아기 천사들이 천장 위에 매달려 있다.

예배 대부분은 성소 중의 성소가 아니라 성전 건물의 다른 부분이나 안뜰에서 이루어졌다. 지역마다 성전의 내용은 다양하며, 거기에 사용된 종교 상징과 제단은 종종 영적 헌신만큼 국가의 정치 동맹을 나타내었다. 예로, 아하스가 아시리아와 동맹 맺고 싶었을 때자신의 좋은 의도를 증명하기 위해 성전 내용을 조정했다. 그의 후계자 히스기야는 유다의 독립을 재확인하고, 외부 종교적 영향의 징후를 제거하였다. 그 후, 므낫세가 다시 그들을 가져오려 했으며, 요시야가 종교 개혁을 시작하면서 성전을 완전히 보수하고 전국의 지역 신사를 폐쇄하였다.

유다 왕들과 성전 사이에는 밀접한 관련이 있다. 솔로몬은 성전을 세우고 예배 조직에 크게 기여했으며, 개인 통로를 통해 성전과 연결된 자신의 궁전을 소유했다. 또한, 성전은 예배의 국가적 장소 이상의 것으로, 다윗 왕가의 권력을 상징했다. 고대 세계에서 정치와 종교는 한 동전의 양면으로, 다윗과 솔로몬이 예루살렘에 성전 건축을 원한 정치적 이유가 바로 이것이다. 성전 구내에 존재하는 여러 건물 중 왕의 개인 재무부도 있었을 것이다. 고대 성전은 예배 장소 외에 은행과 영업소로도 기능했으며 예루살렘 성전도 마찬가지였다. 따라서, 침략 군대는 정기적으로 성전에 가서 국가 재산을 탈취하였다.

성직자들과 더불어 성전에는 상당한 수의 관리 직원과 예배 제단에 불 피우는 종들이 있었다. 일부는 유대인이 아닐 수 있어, 이것은 선지자 에스겔이 외국인도 성전 생활에 참여할 수 있는 관행을 불평했기 때문이다. 모든 사람이 성전에 만족한 것은 아니다. 이스라엘의 영적 순례에서 그것은 퇴보 단계이며, 하나님 임재를 대표하는 천막에서 덜 정해진 숭배 방식에 언약 적 믿음이 더 잘 제공될 것이라고 느낀 급진주의자들이다.

하나님이 성전에 살지 않음을 알지만, 대부분은 하나님의 임재가 직접적으로 느끼는 성전에 전념하였다 (시편 11:4). 그들의 고뇌는 성전이 바빌로니아에 파괴당했을 때였다. 이스라엘 추방 후, 성전의 대체물은 원래의 것보다 덜 인상적이었을 것이다.

솔로몬 성전

솔로몬 통치 기간에 처음으로 세운 예루살렘 성전은 영적 안식처이다. 내부 성소에는 언약궤(Ark of the Covenant)가 포함되며 이스라엘이 독립 상태로 있을 때는 기도와 희생 중심지였다. 성전은 기원전 586년 유대인들이 포로 상태였을 때 파괴되었고, 기원전 515년 그들의 귀국에 재건되었다. 그리스와 로마 점령에 제우스 성소로 사용되며 폼페이우스는 예루살렘을 습격, 성소도 같은 운명을 당했다.

그러나 기원전 20년, 헤롯 대왕은 그래코-로만 스타일로 성전을 재건하여 고대 세계의 불가사의 중 하나로 만들었다. 더 큰 성스러움은 이스라엘 하나님으로, 성전으로 올라가는 여러 단계를 가진다. 첫 번째 법정은 이방인에 속해, 외국인과 어떤 이유든 청결 법을 어긴 자들을 봉사했다. 이곳은 우아한 열로 둘러싸이며 감람산(Mount of Olives)과 키드론 계곡을 내려다본다. 사회 모임 장소로서, 의식적으로 청결한 자들을 위해 외화를 바꾸는 환율 교환자 혹은 희생 동물을 파는 자들이다. 예수는 지나친 소음으로 물건을 교환한 그들을 몰아내었다.

이 법정에서 15단계가 성소로 이끌며, 유대인들만 허용된다. 이 지역의 첫 법정은 여성 법정이다. 15개의 더한 단계가 이스라엘인들의 법정, 즉 남성 법정으로 이어진다. 이곳에서 세 개의 제사장 법정은 대제사장이 사람들을 축복하며 희생 제식 숭배가 이루어지는 신성 지역이다.

다른 12개 단계는 성역, 즉 성소 중의 성소로 이방인 법정에서 50피트, 키드론 계곡에서 200피트 떨어졌다. 그곳은 금으로 덮고 커튼으로 가린 삼나무 문을 통해 입장한다. 내부에는 삼나무와 사이프러스 나무로 만든 긴 갤러리가 있고 다른 커튼이 두 부분을 나눈다. 첫 성소는 안식일을 위한 12조각의 빵과 다른 종교적 물건을 간직한다. 둘째 성소는 어둡고 텅 비었으며, 대제사장은 성소 중의 성소의 여기에서 하나님을 만났다.

그러므로 성전은 유대인들이 건축한 최고 기념비였으며 그곳에서 참회와 감사에 기초하여 기도와 희생 숭배를 위해 모였다. 또한 토라의 교훈에 따라 율법을 집행한 최고 유대인 총회, 일부 평신도, 일부는 제사장으로 구성된 유대 최초 법원 산헤드린의 자리였다. 여러 면에서 성전은 이스라엘의 열망과 국가 희망 상징의 전형이다. 서기 70년, 예루살렘의 나머지 지역과 함께 성전이 쓰러졌을 때, 그것은 유대교 역사에서 한 나라의 죽음과 마찬가지로 시대의 끝이었다.

건강과 치유
—

건강, 청결 및 위생은 1세기 팔레스타인의 유대인에게 매우 중요하
다. 청결은 종교 의무로, 인간은 하나님 모습으로 창조되었기 때문
에 그의 몸과 영혼을 존중해야 한다. 청결 법은 개인과 지역 사회
모두에 적용되었다. 남자는 정기적으로 목욕하고 식사 전에 항상
씻어야 한다. 더럽거나 질병이 퍼지는 주거는 금지되며, 식이법은
부정한 음식을 피하려는 의도이다. 랍비(Rabbi, 종교 교사)의 금언은 "세
가지로…씻기, 기름 부음, 규칙적인 움직임에서 이점을 얻는다."
건강을 증진하려는 이러한 조치에도, 1세기 팔레스타인에는 여러
질병이 있었다. 신약 성경은 마비, 간질, 실명 및 염료 질환, 청각 장
애, 열 및 나병을 언급한다. 더러운 영혼에 대한 언급도 있다. 유대
인들은, 모든 고대인처럼, 인간을 소유하여 그의 자제력과 권리 감
각을 박탈, 죄를 짓게 하는 악령을 믿었다. 한 예로 사탄의 소유는
히스테리 같은 정신병이다.
건강과 청결이 하나님 나라에 속하여, 질병은 사탄의 악과 관련되
어 고통받는 자는 종종 부모의 죄 탓으로 여겼다. 나병은 더러운 질
병으로 법조차 그 환자를 도울 수 없었다. 어쨌든, 병자에게는 건
강 회복이 종교 의무이지만, 지역사회 의사들은 대부분 병을 이해

못 하거나 게으름으로 싫어하였다. 탈무드에서 나타난 대표 약초는 지역 허브와 식료품 사용이다. 천식을 위해 밀로 만든 케이크 3개를 꿀에 담그고 희석되지 않은 와인으로 먹는다. 백내장의 경우 일곱 색깔의 전갈을 찾아, 갈아서 일정량의 가루를 눈에 바른다.

이 치료법 중 다수는 마법과 미신 요소를 가지며 실제로 사람들은 약으로도 부족한 기적을 종종 보았다. 랍비들이 치유를 행했지만, 기적을 행하는 여러 사람도 있었다. 이 기술은 의사가 사용하는 기술과 다르지 않아, 영향을 받은 신체 기관의 접촉 및 조작, 그리고 타액이나 침 사용이다.

악마의 귀신 쫓아내기도 정해진 형태 주문에 향을 피워 방향을 만들었다. 예루살렘의 실로암 웅덩이 같은 곳들은 특별한 치료 능력으로 유명하다. 예수는 치유 활동에서 당시의 기적을 이루는 자와 의사의 보편적 기술을 사용하였다. 그러나 보편적 관행과는 달리 그의 기적은 정교하지 않으며 종종 사적으로 수행하였다. 카리스마적 치료자로서 자신에게 주의를 기울이지 않고 모든 창조물에 자신을 통해 선포된 하나님 말씀과 대신 속죄의 힘에 신경 썼다. 병에 대한 승리는 메시아 시대를 시작한 자연과 악의 세력에 대한 더 넓은 승리를 상징한다.

CHAPTER
2

성경:
구약과 신약

성경 구절

—

로마서 (5:12~21)

12 이러므로 한 사람으로 말미암아 죄가 세상에 들어오고 죄로 말미암아 사망이 왔나니 이와 같이 모든 사람이 죄를 지었으므로 사망이 모든 사람에게 이르렀느니라 **13** 죄가 율법 있기 전에도 세상에 있었으나 율법이 없을 때에는 죄를 죄로 여기지 아니하느니라 **14** 그러나 아담으로부터 모세까지 아담의 범죄와 같은 죄를 짓지 아니한 자들 위에도 사망이 왕노릇하였나니 아담은 오실 자의 표상이라 **15** 그러나 이 은사는 그 범죄와 같지 아니하니 곧 한 사람의 범죄를 인하여 많은 사람이 죽었은즉 더욱 하나님의 은혜와 또는 한 사람 예수 그리스도의 은혜로 말미암은 선물이 많은 사람에게 넘쳤으리라 **16** 또 이 선물은 범죄한 한 사람으로 말미암은 것과 같지 아니하니 심판은 한 사람을 인하여 정죄에 이르렀으나 은사는 많은 범죄를 인하여 의롭다 하심에 이름이니라 **17** 한 사람의 범죄를 인하여 사망이 그 한 사람으로 말미암아 왕노릇 하였은즉 더욱 은혜와 의의 선물을 넘치게 받는 자들이 한 분 예수 그리스도로 말미암아 생명 안에서 왕노릇 하리로다 **18** 그런즉 한 범죄로 많은 사람이 정죄에 이른것 같이 의의 한 행동으로 말미암아 많은 사람이

의롭다 하심을 받아 생명에 이르렀느니라 **19** 한 사람의 순종치 아
니함으로 많은 사람이 죄인 된것 같이 한 사람의 순종하심으로 많
은 사람이 의인이 되리라 **20** 율법이 가입한 것은 범죄를 더하게 하
려 함이라 그러나 죄가 더한 곳에 은혜가 더욱 넘쳤나니 **21** 이는
죄가 사망 안에서 왕노릇 한 것 같이 은혜도 또한 의로 말미암아
왕노릇 하여 우리 주 예수 그리스도로 말미암아 영생에 이르게 하
려 함이니라[3]

---

3 **12** Therefore, just as sin entered the world through one man, and death through sin, and in this
way death came to all people, because all sinned— **13** To be sure, sin was in the world before
the law was given, but sin is not charged against anyone's account where there is no law. **14**
Nevertheless, death reigned from the time of Adam to the time of Moses, even over those who
did not sin by breaking a command, as did Adam, who is a pattern of the one to come. **15**
But the gift is not like the trespass. For if the many died by the trespass of the one man, how
much more did God's grace and the gift that came by the grace of the one man, Jesus Christ,
overflow to the many! **16** Nor can the gift of God be compared with the result of one man's
sin: The judgment followed one sin and brought condemnation, but the gift followed many
trespasses and brought justification. **17** For if, by the trespass of the one man, death reigned
through that one man, how much more will those who receive God's abundant provision of
grace and of the gift of righteousness reign in life through the one man, Jesus Christ! **18** Con-
sequently, just as one trespass resulted in condemnation for all people, so also one righteous act
resulted in justification and life for all people. **19** For just as through the disobedience of the
one man the many were made sinners, so also through the obedience of the one man the many
will be made righteous. **20** The law was brought in so that the trespass might increase. But
where sin increased, grace increased all the more, **21** so that, just as sin reigned in death, so also
grace might reign through righteousness to bring eternal life through Jesus Christ our Lord.
이 책에서 나오는 한글과 영어 성경 텍스트는 New International Version에서 발췌한 것이다.

로마서 (8:19~21)

19 피조물의 고대하는 바는 하나님의 아들들의 나타나는 것이니 **20** 피조물이 허무한데 굴복하는 것은 자기 뜻이 아니요 오직 굴복케 하시는 이로 말미암음이라 **21** 그 바라는 것은 피조물도 썩어짐의 종노릇 한데서 해방되어 하나님의 자녀들의 영광의 자유에 이르는 것이니라[4]

요한계시록 (22:16~17)

16 나 예수는 교회들을 위하여 내 사자를 보내어 이것들을 너희에게 증거하게 하였노라 나는 다윗의 뿌리요 자손이니 곧 광명한 새벽별이라 하시더라 **17** 성령과 신부가 말씀하시기를 오라 하시는도다 듣는 자도 오라 할 것이요 목마른 자도 올 것이요 또 원하는 자는 값 없이 생명수를 받으라 하시더라[5]

---

4 **19** For the creation waits in eager expectation for the children of God to be revealed. **20** For the creation was subjected to frustration, not by its own choice, but by the will of the one who subjected it, in hope **21** that the creation itself will be liberated from its bondage to decay and brought into the freedom and glory of the children of God.

5 **16** "I, Jesus, have sent my angel to give you this testimony for the churches. I am the Root and the Offspring of David, and the bright Morning Star." **17** The Spirit and the bride say, "Come!" And let the one who hears say, "Come!" Let the one who is thirsty come; and let the one who wishes take the free gift of the water of life.

구약과 신약

—

구약

성경은 우주의 모든 것, 특히 인류의 기원에 관한 이야기로 시작된다. 창세기 1장은 시적인 산문 서사시로, 창조주 하나님이 한 일에 축하 혹은 열정이 담겼다. 저자는 창조를 설명하려 일주일을 사용하나, 하나님이 얼마의 시간을 필요했는지 알기는 불가능하다. 요점은 하나님은 모든 것이 가능하며, 자연이 아니고, 하나님 형상대로 창조된 인류의 이야기가 초점이다.

히브리어 단어 "지구"에서 유래한 아담의 형성에 따라 "지구인"은 하나님 이미지를 닮으며, 아담에게 자연을 결실하고 번성하라는 하나님의 명령과 과제를 수행하려 배우자를 창조했다. 따라서, 이브는 아담의 적합한 동반자이며 조력자다. 구약에서 "조력자" 의미는 이브가 아담의 종속을 뜻하지 않는다. 하나님은 그의 백성의 조력자로 사용, 이브는 인간을 탄생하는 임무를 맡는다.

아담과 이브는 하나님과 인간관계를 위해 창조되어, 인간만이 하나님과 친밀한 능력을 갖춘다. 인간은 하나님을 지상에 대표하는 재현(representation)이고, 하나님은 피조물이 아닌 모든 것의 창조주이다. 하나님의 창조 개념은, 성경 이야기를 고대 기원의 신들의 것과 두 가지 점에서 구분된다. ⑴ 모든 것을 창조한 자는 하나님뿐이다. ⑵ 하나님은 만물을 채우는 우주와 그 피조물의 창조에 기존 물질을 필요하지 않았다. 또 아담과 이브에게 생의 작업과 임무를 부여, 낙원을 돌보고 특정 나무 열매 즉 지식나무의 것을 피해라고 명령했다. 금단의 열매를 먹으면, 선악의 영역을 경험하기 때문이다.

지식 나무를 피하라는 계명을 받은 자는 아담이다 (창세기 2:17). 그는 이브가 열매를 먹은 후 건네준 것을 먹었지만, 금지 받은 아담은 구, 신약에서 죄와 그 결과를 책임진다 (로마서 5:12~21). 성경은 알리기를, 하나님의 불순종은 노동과 고통의 부정적 결과를 가져온다. 아담은 땀 흘리고 험한 땅에서 일하고, 이브는 모든 생명의 어머니로 출산 시 위험한 고통을 겪는다. 더하여, 원죄의 최악은 이브가 남편의 욕망에 지배당하여, 사랑과 소중함의 공평한 관계가 욕망과 지배로 변질할 것이다. 남자는 여자를 종속, 지배하는 가부장제로 들어감이다.

구약 나머지는 하나님과 뒤틀려진 인간관계를 회복하려는 하나님의 구속 행위들이다. 예로, 가인과 아벨은 인간 타락 이전의 낙원에서 없었던 희생물을 하나님에 바치며, 이 희생은 죄에 대한 하나님 분노를 주장하려는 인간적 시도이다.

창세기 1~3장은 창조와 타락에 관한 사건들이며, 4장부터 인간관계를 회복하려는 하나님의 다양한 노력이다. 노아는 대홍수에서 구해진 유일한 가족이며, 아브라함은 후손들에게 미래의 땅을 약속한다. 모세는 유대인 노예들을 이집트 속박에서 해방하려 시나이산에서 하나님과 언약을 세웠다. 여호수아는 다른 유대인들과 아브라함이 살았던 약속의 땅을 점령했다.

구약 이야기는 하나님의 인간 창조, 타락과 구속을 전제한다. 대부분은 회복과 구속이나, 새 창조의 예고를 담은 이사야, 묵시적 예언의 에스겔, 다니엘, 스가랴의 이야기도 있다. 마지막 말라기에서 구약은 신약의 마태복음으로 연결되면서 결단력이 더 필요하다. 하나님은 그의 백성들, 예로 선지자, 제사장, 왕, 모세, 다윗, 솔로몬 같은 인간 중재자가 아니고, 그의 마지막 아들인 기름 부음 받은 자를 세상에 내보내어 이전의 중재자들이 예시했거나 이미 알았던 구속을 성취하게 하였다.

새로운 중재자와 이전 중재자의 차이점은 (1) 새 중재자는 이전 중재자들의 지위와 달리 죄가 없고 모든 유혹에 저항한다. (2) 그는 다른 기름 부음 받은 자만이 아니라 마지막 기름 부음 받은 자로 하나님의 독생자이다. (3) 그는 하나님에 인간 대표이며 동시 이중 중재자로 인간에 대한 하나님의 대표자다. 디모데전서(2:5~6)[6]에서 하나님과 인간 사이에 한 하나님과 한 중재자가 있다. 모든 사람을 대신하여 속죄한 인간 예수 그리스도이다.

예수는 제사장, 희생물, 그리고 하나님이 임재하는 성전이며, 자신을 바침으로써 하나님과 화목함을 이루려는, 죄를 위한 완전 희생의 인간이다. 십자가는 하나님과 인간관계의 본질을 바꾸었다.

---

6 **5** 하나님은 한 분이시요 또 하나님과 사람 사이에 중보도 한 분이시니 곧 사람이신 그리스도 예수라 **6** 그가 모든 사람을 위하여 자기를 속전으로 주셨으니 기약이 이르면 증거할 것이라

5 For there is one God and one mediator between God and mankind, the man Christ Jesus, **6** who gave himself as a ransom for all people. This has now been witnessed to at the proper time.

모든 신자의 신권과 예수 그리스도의 하늘 신권의 새로운 성스러운 약속이다. 희생은 하나님 찬양과 자기 자신을 바침이다. 유일한 성전은 하나님 성령이 새로 거하는 인간 몸으로, 하나님의 성령은 예수 안에 거하였다.

신약

신약은 구속의 최종 행위가 그리스도 안에서, 그리스도를 통해 일어나며, 하나님 백성이 마지막 세상의 하나님 나라가 되는 시대에 살고 있음을 기록한다. 하나님은 그의 창조를 마침내 통치하나, 이야기는 영적 구속의 제안과 하늘에 있는 하나님 앞의 자유 통과로 끝나지 않는다. 대신, 죽은 자를 돌려주고 세상을 심판하며 지상의 모든 새 창조물을 안내하는 아들의 귀환에 의해 끝난다. 신약은 하나님 아들인 왕의 재림을 기다린다. 부활절 아침, 예수에 일어난 일이 육체적 부활임을 확언, 창세기 1장으로 되돌아간다.

신약에서 사도 바울은 모든 창조물의 기대, 구속과 회복을 이야기했다 (로마서 8:19~21). 그리스도 안에 거주한 새 인간 피조물은 크고 작은 다른 피조물과 땅 자체의 최종 구속을 예시한다. 계시록에서 하늘과 땅의 합병을 수반한다는 파트모스 요한의 비전이다. 신랑 아들은 그의 신부인 교회를 위해 하늘에서 돌아온다. 모든 창조물은 결혼 복장으로 새로워졌다 (요한계시록 22:16~17).

인간 구원은 몸과 정신의 구속이다. 그리스어 첫 문자 알파와 마지막 오메가에서 그의 백성들과 함께 살도록 하나님 창조를 위한 전체 회복이다. 따라서 구약, 신약 성경 개요는 창조, 타락, 구속 행위, 최종 심판 및 회복이다. 이것은 신약의 작가들이 함께 일했던 사상 세계의 이야기이며, 마지막 그림 일부가 생략되거나 불투명함을 제외하고 구약 작가들도 나누었다. 그들은 언젠가 구원의 통치가 지상에 올 하나님을 믿었다.

이사야서(2:3~4)는 말한다.

3 많은 백성이 가며 이르기를 오라 우리가 여호와의 산에 오르
며 야곱의 하나님의 전에 이르자 그가 그 도로 우리에게 가르
치실 것이라 우리가 그 길로 행하리라 하리니 이는 율법이 시
온에서부터 나올 것이요 여호와의 말씀이 예루살렘에서부터
나올 것임이니라 **4** 그가 열방 사이에 판단하시며 많은 백성을
판결하시리니 무리가 그 칼을 쳐서 보습을 만들고 그 창을 쳐
서 낫을 만들 것이며 이 나라와 저 나라가 다시는 칼을 들고 서
로 치지 아니하며 다시는 전쟁을 연습지 아니하리라[7]

성경은 세상을 사랑한 하나님 이야기이다. 인류를 구속할 준비가 되
었고 그들과 영원한 계명을 맺어 위대한 관계를 성취하는 길이다.

5 너는 마음을 다하고 성품을 다하고 힘을 다하여 네 하나님
여호와를 사랑하라 (신명기 6:5)[8]
30 네 마음을 다하고 목숨을 다하고 뜻을 다하고 힘을 다하여

---

7 **3** Many peoples will come and say, "Come, let us go up to the mountain of the LORD, to the
temple of the God of Jacob. He will teach us his ways, so that we may walk in his paths." The
law will go out from Zion, the word of the LORD from Jerusalem. **4** He will judge between
the nations and will settle disputes for many peoples. They will beat their swords into plow-
shares and their spears into pruning hooks. Nation will not take up sword against nation, nor
will they train for war anymore.

8 **5** Love the LORD your God with all your heart and with all your soul and with all your
strength.

주 너의 하나님을 사랑하라 하신 것이요 (마가복음 12:30) [9]

인간은 마음, 영혼, 생각, 힘과 이웃을 같이 한 하나님을 사랑하듯, 그리스도를 사랑해야 한다. 하늘과 땅의 우주 창조에서 재창조까지, 하나님과 인간관계, 그가 선택한 백성 유대인, 나중에는 유대인과 이방인이 그리스도 안에서 통합함이다. 성경은 신학, 윤리 및 역사로 쓰인 고대 언어로 고대 문화 관습을 반영한다.

---

9 **30** Love the Lord your God with all your heart and with all your soul and with all your mind and with all your strength.

CHAPTER

3

구약:
거룩한 하나님 숭배

하나님 본성

—

구약(히브리어 성경)에서 "거룩함"이란 단어는 왜 인간이 하나님을 숭배해야 하는지를 설명한다. 오늘날 설교에서 거룩함 단어는 냉소적이고 성스러운 배움의 종교적인 의미 이상이지만, 하나님이 "거룩함"으로 묘사될 때, 그것은 하나님과 인간 관계의 구체적인 것들을 의미한다.

하나님은 무한하다.

하나님은 역사적 사건과 일상생활을 통해 유대인들에 알려지며, 하나님의 본성과 성격을 표현하는 여러 이미지로 친밀한 통찰력을 제공한다. 이것은 평범한 인간들이 하나님의 모든 것을 알 수 있다는 의미는 아니다. 예로, 욥이 자신의 좌절된 상황을 이해하려 했을 때, 마지막에서야 인간의 이해를 무시하는 하나님 사업에 숨겨진 깊이를 인정했다. 출애굽 사건에서 하나님 성품이 분명하지만, 그 존재의 다른 차원은 여전히 신비로 남아있다. 이것을 느끼는 사람은 욥만이 아니다. 시인(시편 139:6)과 선지자들(이사야 40:13~14)은 하나님이 인간과 다름을 알렸다.

6 이 지식이 내게 너무 기이하니 높아서 내가 능히 미치지 못하나이다 (시편 139:6) [10]

13 누가 여호와의 신을 지도하였으며 그의 모사가 되어 그를 가르쳤으랴 **14** 그가 누구로 더불어 의논하셨으며 누가 그를 교훈하였으며 그에게 공평의 도로 가르쳤으며 지식을 가르쳤으며 통달의 도를 보여 주었느뇨 (이사야 40:13~14) [11]

성경의 이 장들은 하나님의 명백한 숨음이 개인과 국가 차원에서 이스라엘의 경험에 어떻게 역할 했는지 주목된다. 경외감을 불러 일으키는 신성한 존재 앞에 직면하는 당혹감과 경이는 전 세계 종교인들에게 공통적이다. 따라서 하나님과 인간 차이점을 설명하려 "거룩함" 단어가 필요하다. "거룩함"으로 번역된 히브리어의 문자적 의미는 확실치 않지만, 그것이 언어적으로 "나눈다" 뜻과 관련된다.

인간은 그들이 숭배하는 신을 "거룩함"으로 묘사할 때, 종종 우주가 두 다른 존재 방식으로 나뉨을 생각한다. 하나님이 속한 곳, 이와 관련된 사람, 사물 및 사건을 "거룩함"이라 부른다. 인간 활동 세계는 "세속" 혹은 "평범"으로 표현된다. 이 문맥에서, "거룩함" 과 "세속" 단어는 도덕적 판단을 나타내지 않고, 하나님이 인간과

---

10 **6** Such knowledge is too wonderful for me, too lofty for me to attain

11 **13** Who can fathom the Spirit of the LORD, or instruct the LORD as his counselor? **14** Whom did the LORD consult to enlighten him, and who taught him the right way? Who was it that taught him knowledge, or showed him the path of understanding?

다른 곳에 존재하는 공간적 함축도 아니다. 이 표현들은 하나님과 인간이 같지 않다는 사실을 전달함에 사용되는 용어이다. 고대와 현 세계의 다른 국가들과도 이 견해를 공유한다.

> **10** 그리하여야 너희가 거룩하고 속된 것을 분별하며 부정하고 정한 것을 분별하고 (레위기 10:10) [12]

이 기준 안에서 하나님을 숭배하는 예배의 한 목표는 이 두 영역이 서로 연결됨이다. 장소, 시간, 사람 및 사물처럼 명백한 공통점도 거룩하게 만든다. 그러나 주의가 필요하다. 거룩함은 때때로 신성의 구체에서 나오는 힘으로 보이지 않고 강력하다. 이를 처리할 권위자가 필요하다.

구약은 종종 비슷한 종류의 이미지로 하나님의 거룩한 임재함 (presence)을 묘사한다. 시나이산에서 모세에게 하나님 뜻이 계시되었을 때, 이 신성한 소통은 평범한 사람이 피해야 할 하나님 존재의 감각이 동반되었다. 그 장소는 신성한 힘(성결)으로 포화하여 장비 갖춘 자만이 대처할 수 있다.

평범한 사람들도 스스로 거룩하게 만들 수 있지만, 이 과정을 거치기 전에 그러한 성스러움에 접하면 결과는 치명적이다. 블레셋인들은 계약의 궤에 간섭하여 다곤의 상이 무너졌고, 후에 아스돗

---

12 **10** so that you can distinguish between the holy and the common, between the unclean and the clean

주민들은 종양의 고통 대가로 이것을 배웠다.

> **1** 블레셋 사람이 하나님의 궤를 빼앗아가지고 에벤에셀에서부
> 터 아스돗에 이르니라 (사무엘상 5:1) [13]

평범한 유대인조차도 신성한 존재의 거룩함과 접촉했을 때 같은 운
명을 겪었다. 따라서, 하나님의 임재를 존중하고 하나님을 "거룩함"
이라 불러야한다. 하나님은 평범한 인간에게 직접이고 개인으로 알
려지지만, 여전히 달라 경건한 존경으로 존중받고 대우 받는다.

> **11** 여호와여 신 중에 주와 같은 자 누구니이까 주와 같이 거룩
> 함에 영광스러우며 찬송할만한 위엄이 있으며 기이한 일을 행
> 하는 자 누구니이까 (출애굽기 15:11) [14]

하나님은 선하다.

많은 종교인은 경외감을 불러일으키는 관점에서만 그들의 하나님
을 생각한다. 이스라엘의 언약적 믿음은 이 거룩함의 의미를 신중
히 이해했다. 일반 종교 세계에서 신비하고 거룩함은 종종 신들의
비이성적이고 변덕스러운 행동으로 설명되었다. 그러나 이스라엘

---

13 **1** After the Philistines had captured the ark of God, they took it from Ebenezer to Ashdod

14 **11** who among the gods is like you, LORD? Who is like you— majestic in holiness, awesome
in glory, working wonders?

역사 사건들은 하나님의 충실과 신뢰를 보여, 하나님의 거룩함은 행동과 존재의 상태이다. 거룩함은 하나님이 선함을 뜻하며, 인간은 본질에 하나님과 정반대로 인간 실패에 대한 고백도 암시한다.

> **8** 여호와의 말씀에 내 생각은 너희 생각과 다르며 내 길은 너희 길과 달라 (이사야 55:8) [15]

선지자 이사야가 묘사한 성전 숭배에 하나님 거룩함의 두 측면은 영적과 도덕적 윤리이다. 성전에서 진행된 일은 영적 의미로 거룩했다. 성전은 거룩한 곳이고, 하나님의 사용을 위해 분리되었으며, 거룩한 사람만이 하나님과 대처할 수 있었다. 그러나, 선지자는 성소에서 신의 임재에 신비로운 경험을 통해, 계시 응답으로 의식적인 깨끗함으로만 하나님 능력을 갖추기에 충분치 않음을 인식했다. 하나님의 위엄있는 거룩함과 선함은 분리될 수 없으며, 이사야는 자신의 영적, 도덕적 부적절로 하나님을 만나기에 적합하지 않음을 즉시 깨달았다.

이 인정은 구약 선지자들의 큰 통찰력 중 하나이다. 가나안의 영성에서, 신성한 거룩은 숭배와 영적 차원을 지니며, 적절한 의식을 통해 신들을 만날 수 있다고 알려졌다. 유대 백성은 여전히 같은 생각을 하고 싶었지만, 선지자들은 하나님이 성소에서 행한 예식뿐

---

15 **8** "For my thoughts are not your thoughts, neither are your ways my ways," declares the LORD.

아니라 일반 사람들이 잘못되고 매일 행동에 관심 있다고 주장했다.

> **21** 내가 너희 절기를 미워하여 멸시하며 너희 성회들을 기뻐
> 하지 아니하나니 **22** 너희가 내게 번제나 소제를 드릴찌라도
> 내가 받지 아니할 것이요 너희 살진 희생의 화목제도 내가 돌
> 아보지 아니하리라 **23** 네 노래 소리를 내 앞에서 그칠찌어다
> 네 비파 소리도 내가 듣지 아니하리라 **24** "오직 공법을 물 같
> 이, 정의를 하수 같이 흘릴찌로다" (아모스 5:21~24) [16]

개인적, 사회적 잘못은 진정한 숭배와 양립할 수 없다. 실제, 잘못
을 하나님이 수용하는 데 율법 저술가와 편집자들도 예배와 도덕
을 똑같이 연결하며, 성전에서 숭배자들이 사용한 말은 종종 이 사
실을 확인한다.

> **3** 여호와의 산에 오를 자 누구며 그 거룩한 곳에 설 자가 누군
> 고 **4** 곧 손이 깨끗하며 마음이 청결하며 뜻을 허탄한데 두지
> 아니하며 거짓 맹세치 아니하는 자로다 (시편 24:3~4) [17]

---

16 **21** "I hate, I despise your religious festivals; your assemblies are a stench to me. **22** Even though you bring me burnt offerings and grain offerings, I will not accept them. Though you bring choice fellowship offerings, I will have no regard for them. **23** Away with the noise of your songs! I will not listen to the music of your harps. **24** But let justice roll on like a river, righteousness like a never-failing stream!

17 **3** Who may ascend the mountain of the LORD? Who may stand in his holy place? **4** The one who has clean hands and a pure heart, who does not trust in an idol or swear by a false god.

하나님은 사랑이다.

이사야에게 하나님의 도덕적 거룩함에 대한 고통스러운 인식은 용서와 새로운 삶의 필요에 불가분하다. 죄 많은 선지자가 거룩한 하나님 앞에 적합할 방법이다. 영적 의미에서 인간은 필요한 의식 절차를 밟음으로써 깨끗함을 가질 수 있다. 도덕적 개혁은 어떠한가? 이사야 전후의 사람들처럼, 이사야는 인간 노력이 중요하나, 궁극적 변화는 스스로 달성할 수 없다. 하나님과 도덕적으로 올바르면, 이것은 오직 하나님만이 성취할 수 있다. 이사야의 영적 화해는 하나님에서 오는 것이며, 이 상징적 행동을 통해 죄책감은 사라지고 죄는 용서된다.

> **7** 그것을 내 입에 대며 가로되 보라 이것이 네 입에 닿았으니 네 악이 제하여졌고 네 죄가 사하여졌느니라 하더라 (이사야 6:7) [18]

따라서, 이사야서는 하나님이 잘못을 용서하고 사람들이 새 방식으로 살 수 있게 함으로 하나님을 "거룩한 분"이라 부른다. 하나님은 무한하고 도덕적으로 완전하고, 평범하고 노력하는 사람들을 돌본다. 하나님을 "거룩"으로 묘사함은 신성한 가치를 정의할 뿐만 아니라, 세상 사람들을 향한 하나님의 완전한 사랑을 암시한다. 하나님의 거룩한 임재가 인간 탄생에 실패함을 강조하는 동시에

---

18 **7** With it he touched my mouth and said, "See, this has touched your lips; your guilt is taken away and your sin atoned for."

회개하는 사람들과 함께 살면서 그들의 자신감과 희망을 회복해준다. 한 말로, 구약 숭배의 배경은 다음과 같다. 성실한 숭배는 하나님 성품의 계시에 대한 하나님 백성의 반응을 반영하며, 차례로 하나님의 거룩한 본질은 인간 반응의 특성을 결정한다. 하나님은 인간과 같지 않아, 진실한 숭배는 거룩함과 세속함의 차이를 존중한다. 하나님은 선함으로 숭배는 정직하게 인간의 잘못에서 직면해야 한다. 그러나 하나님은 사랑이므로 변화를 원하는 숭배자는 하나님의 용서를 구하고 새로워진 삶의 약속을 기대한다. 예배는 하나님이 인간과 다르다는 재구성에서 시작, 그들이 하나님의 임재에 적합하게 될 수 있는 축하의 방법이다.

"아담과 이브의 타락"(부분), 미켈란젤로 (1475~1564), 시스틴 대성당

성경의 조각화
—

창세기 (3:1~7) 아담과 이브

1 여호와 하나님의 지으신 들짐승 중에 뱀이 가장 간교하더라 뱀이 여자에게 물어 가로되 하나님이 참으로 너희더러 동산 모든 나무의 실과를 먹지 말라 하시더냐 **2** 여자가 뱀에게 말하되 동산 나무의 실과를 우리가 먹을 수 있으나 **3** 동산 중앙에 있는 나무의 실과는 하나님의 말씀에 너희는 먹지도 말고 만지지도 말라 너희가 죽을까 하노라 하셨느니라 **4** 뱀이 여자에게 이르되 너희가 결코 죽지 아니하리라 **5** 너희가 그것을 먹는 날에는 너희 눈이 밝아 하나님과 같이 되어 선악을 알줄을 하나님이 아심이니라 **6** 여자가 그 나무를 본즉 먹음직도 하고 보암직도 하고 지혜롭게 할만큼 탐스럽기도 한 나무인지라 여자가 그 실과를 따먹고 자기와 함께한 남편에게도 주매 그도 먹은지라 **7** 이에 그들의 눈이 밝아 자기들의 몸이 벗은 줄을 알고 무화과나무 잎을 엮어 치마를 하였더라[19]

---

19 **1** Now the serpent was more crafty than any of the wild animals the LORD God had made.
He said to the woman, "Did God really say, 'You must not eat from any tree in the garden'?"
2 The woman said to the serpent, "We may eat fruit from the trees in the garden, **3** but God

산 마틴, 프로미스타 기둥머리 12, 14: 아담과 이브

기둥머리 12에서 이브는 선악 나무줄기에 감긴 뱀에게서 금지된 과일을 받는다. 아담은 이브처럼 자신도 먹은 그릇된 행동을 알아차리고 목에 손을 갖다 댄다. 왼쪽에 동물 머리의 악마가 이브에게 뭔가를 속삭이며 그의 손을 입으로 갖다 댄다. 그 뒤 지팡이를 가진 인물이 서 있다. 오른쪽도 비슷한 의상과 포즈를 취한 다른 인물과 인간을 삼키려 기울이는 동물이 나타난다.

기둥머리 14의 중앙에 위치한 금지 된 과일나무는 두 인물을 분리한다. 오른쪽에 벌거벗은 몸을 손으로 가리는 아담이 서 있고, 왼쪽에 하나님을 대표하는 두 날개 가진 천사들이 있다. 하나는 십자를, 다른 하나는 책을 들고 있다. 오른쪽 아담의 뒤에 역시 몸을 가린 이브는 유혹하는 뱀의 말에 귀 기울이는 아담처럼 수수께끼 몸짓을 한다. 아담과 이브 사이에 악마를 상징하는 동물 머리가 기둥머리 정점에 보인다.

---

did say, 'You must not eat fruit from the tree that is in the middle of the garden, and you must not touch it, or you will die.'" **4** "You will not certainly die," the serpent said to the woman. **5** "For God knows that when you eat from it your eyes will be opened, and you will be like God, knowing good and evil." **6** When the woman saw that the fruit of the tree was good for food and pleasing to the eye, and also desirable for gaining wisdom, she took some and ate it. She also gave some to her husband, who was with her, and he ate it. **7** Then the eyes of both of them were opened, and they realized they were naked; so they sewed fig leaves together and made coverings for themselves.

기둥머리 12, 기둥머리 14

상 피에르, 모아삭 E4: 타락― 아담과 이브

지식 나무는 북쪽 기둥머리 중심축을 이룬다. 뱀은 몸통을 비틀
며, 이브처럼 한 손으로 자신의 벌거벗음을 덮는 아담을 향해 머
리를 뻗는다. 동쪽 기둥에 아담의 이름이 새겨져 있으며 아버지 하
나님과 마주 본다. 창조주의 십자 후광은 아버지와 아들의 본질적
정체성을 상징한다. 하나님은 인간으로서 첫 죄인의 불순종에 심
판을 통과 시켜, 이 유사점은 기독교 주해(exegesis)에 원죄에서 해방
된 새 아담을 의미한다 (로마서 5:14) [20]. 남쪽 기둥머리에는 아담과 이브
가 동물 가죽옷을 입고, 생명 나무로 가는 길을 네 방향에서 지키는

---

20 **14** 그러나 아담으로부터 모세까지 아담의 범죄와 같은 죄를 짓지 아니한 자들 위에도 사망이
왕노릇하였나니 아담은 오실 자의 표상이라 **14** Nevertheless, death reigned from the time of
Adam to the time of Moses, even over those who did not sin by breaking a command, as did
Adam, who is a pattern of the one to come.

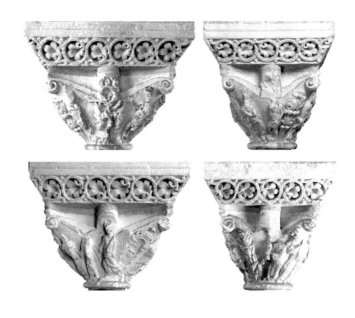

불타는 칼의 천사에 의해 추방된다. 천국의 닫힌 문이 건축의 세부
사항에서 보인다. 서쪽 기둥머리에는 아담과 이브가 일하고 있다.
아담은 나뭇가지를 자르려 도끼를 흔들고, 이브는 아래쪽으로 굽힌
다. 밀라노의 암브로스 주교는 십자가를 타락한 나무와 비교했다.
천국 나무에 죽음이 왔으나, 십자가 생명 나무에서 생명이 재생한
다는 의미이다. 리옹의 이레네우스도 에덴동산의 생명 나무는 죽음
을 가져왔고, 이 쓰러진 죽은 나무는 생명을 주는 십자가를 일으켰
다. 아담과 이브는 구속(redeem)의 십자가 나무를 준비하는 것 같다.

생트 마리 마들렌, 베즐레 65: 아담의 타락, 93: 아담의 타락과 수치

기둥머리 65에서 벌거벗은 아담이 그의 왼손을 턱에 대고, 오른손은 왼손 팔꿈치를 꽉 쥔다. 중심에 포도가 달린 생명 나무는 가늘고 등에 뚜렷한 패턴을 가진 뱀으로 얽혔다. 꼬리 끝을 이브의 다리와 교차하면서, 뱀은 이브에게 포도송이를 제시한다. 이브는 왼손으로 자신의 성기 앞에 나뭇잎을 덮고, 오른손에 포도를 취한다. 기둥머리 93도 동일한 주제이다

기둥머리 65, 기둥머리 93

아담 창조

자라고자

이브의 유혹

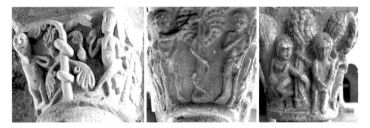

라보디우, 에스타니, 엘르느

낙원 추방 후 아담과 이브의 노동

상 후앙 데 라 페냐, 에스타니

창세기 (4:1~16) 가인과 아벨

1 아담이 그 아내 하와와 동침하매 하와가 잉태하여 가인을 낳고 이르되 내가 여호와로 말미암아 득남하였다 하니라 **2** 그가 또 가인의 아우 아벨을 낳았는데 아벨은 양 치는 자이었고 가인은 농사하는 자이었더라 **3** 세월이 지난 후에 가인은 땅의 소산으로 제물을 삼아 여호와께 드렸고 **4** 아벨은 자기도 양의 첫 새끼와 그 기름으로 드렸더니 여호와께서 아벨과 그 제물은 열납하셨으나 **5** 가인과 그 제물은 열납하지 아니하신지라 가인이 심히 분하여 안색이 변하니 […] **8** 가인이 그 아우 아벨에게 고하니라 그 후 그들이 들에 있을 때에 가인이 그 아우 아벨을 쳐 죽이니라 **9** 여호와께서 가인에게 이르시되 네 아우 아벨이 어디 있느냐 그가 가로되 내가 알지 못하나이다 내가 내 아우를 지키는 자니이까 **10** 가라사대 네가 무엇을 하였느냐 네 아우의 핏소리가 땅에서부터 내게 호소하느니라 […] **13** 가인이 여호와께 고하되 내 죄벌이 너무 중하여 견딜 수 없나이다 **14** 주께서 오늘 이 지면에서 나를 쫓아 내시온즉 내가 주의 낯을 뵈옵지 못하리니 내가 땅에서 피하며 유리하는 자가 될찌라 무릇 나를 만나는 자가 나를 죽이겠나이다 […] **16** 가인이 여호와의 앞을 떠나 나가 에덴 동편 놋 땅에 거하였더니 [^21]

---

[^21]: **1** Adam made love to his wife Eve, and she became pregnant and gave birth to Cain. She said, "With the help of the LORD I have brought forth a man." **2** Later she gave birth to his brother Abel. Now Abel kept flocks, and Cain worked the soil. **3** In the course of time Cain brought some of the fruits of the soil as an offering to the LORD. **4** And Abel also brought

몬레알레 E20: 아담과 이브, 가인과 아벨

창세기의 인간 타락과 가인-아벨의 이야기가 주제이다. 서쪽 기둥
머리의 지식 나무 옆에서 아담과 이브가 벌거벗은 채 부끄러워하
지 않는다. 뱀은 이브가 금단의 열매에 손을 닿을 때 몸통을 아래로
기울인다. 남쪽 기둥머리에는 인류의 조상 아담과 이브가 에덴 낙
원의 문 앞에서 불타는 칼을 쥔 천사에 의해 추방된다. 아담은 죄를
참회하며 땅을 갈고, 이브는 절망에 사로잡혔다. 동쪽 기둥머리는
아담과 이브의 두 아들로 가인과 아벨이다. 농부 가인은 하나님에
곡식을, 목자 아벨은 어린 양을 희생 제물로 바친다. 하나님은 아벨
의 제물을 축복하고 가인을 거절한다. 이것은 형제에게 분쟁을 일
으켜 가인은 아벨을 살해한다. 이 이야기 시리즈는 맹인 사냥꾼 라
멕의 화살을 맞는 가인의 죽음으로 북쪽 기둥머리에서 끝난다. 가
인의 손자 두발가인 모습이 빠졌는데, 그는 실수로 아버지 화살을

---

an offering—fat portions from some of the firstborn of his flock. The LORD looked with
favor on Abel and his offering, **5** but on Cain and his offering he did not look with favor. So
Cain was very angry, and his face was downcast. [⋯] **8** Now Cain said to his brother Abel,
"Let's go out to the field." While they were in the field, Cain attacked his brother Abel and
killed him. **9** Then the LORD said to Cain, "Where is your brother Abel?" "I don't know,"
he replied. "Am I my brother's keeper?" 10 The LORD said, "What have you done? Listen!
Your brother's blood cries out to me from the ground. [⋯] **13** Cain said to the LORD, "My
punishment is more than I can bear. **14** Today you are driving me from the land, and I will
be hidden from your presence; I will be a restless wanderer on the earth, and whoever finds
me will kill me." [⋯] **16** So Cain went out from the LORD's presence and lived in the land
of Nod, east of Eden.

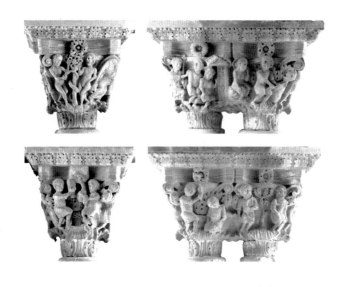

가인에 겨냥했다. 아담, 이브, 그리고 그 후손들 이야기는 몬레알레 대성당 청동 문과 모자이크에서 완전히 표현된다.

상 피에르, 모아삭 W17: 가인과 아벨

가인과 아벨 이야기가 기둥머리 전체에 표현된다. 서쪽 기둥머리에서 아벨은 어린 양을 희생 제단에 싣고 있다. 중심에서 하늘의 천사가 열린 오른손으로 제물을 받는다. 남쪽 기둥머리에 가인은 중심의 희생 제단으로 오고 있다. 비문은 "가인의 단 묶음"으로 새겨져 있다. 얼굴 찡그린 악마가 그의 제물을 받는다. 동쪽 기둥머리에 가인은 동생 아벨을 땅에 던져 죽인다. 북쪽 기둥머리에서 하나님은 십자 후광과 열린 책을 가진 천사 도움으로 가인에게 묻는다. "동생

아벨은 어디 있느냐?" 가인은 "모릅니다"라고 대답한다. 하나님은
아담의 아들을 저주한다. 기둥머리 조각 구성은 성경 내용에 따라
리듬을 가지며, 인물 처리, 동작과 옷차림의 성격은 특수하다. 이미
지를 동행한 라틴어 비문은 이야기를 강조한다. 창세기를 정확히
변역, 돌 조각에 옮겼다.

생트 마리 마들렌, 베즐레 94: 가인과 아벨의 희생

기둥머리는 가인과 아벨의 희생 재물을 다룬다. 왼쪽에 턱수염 달
린 아벨이 양손으로 하나님에 어린 양을 바친다. 오른쪽에 수염 없
는 가인이 오른손에 밀 뭉치를 제공하고, 왼손을 자신의 엉덩이에
놓았다. 그의 머리 위에 포도 달린 포도나무가 있다. 상단 중앙에서

하나님의 손이 구름 사이로 연장된다. 아벨의 제물을 받는 그의 검지와 중간 손가락은 축복의 몸짓일까?

창세기 (6:5~17) 노아의 방주

5 여호와께서 사람의 죄악이 세상에 관영함과 그 마음의 생각의 모든 계획이 항상 악할 뿐임을 보시고 **6** 땅위에 사람 지으셨음을 한탄하사 마음에 근심하시고 **7** 가라사대 나의 창조한 사람을 내가 지면에서 쓸어 버리되 사람으로부터 육축과 기는 것과 공중의 새까지 그리하리니 이는 내가 그것을 지었음을 한탄함이니라 하시니라 **8** 그러나 노아는 여호와께 은혜를 입었더라 […] **12** 하나님이 보신즉 땅이 패괴하였으니 이는 땅에서 모든 혈육 있는 자의 행위가 패괴함이었더라 **13** 하나님이 노아에게 이르시되 모든 혈육 있는 자의 강포가 땅에 가득하므로 그 끝날이 내 앞에 이르렀으니 내가 그들을 땅과 함께 멸하리라 **14** 너는 잣나무로 너를 위하여 방주를 짓되 그 안에 간들을 막고 역청으로 그 안팎에 칠하라 **15** "그

방주의 제도는 이러하니 장이 삼백 규빗, 광이 오십 규빗, 고가 삼십 규빗이며" **16** 거기 창을 내되 위에서부터 한 규빗에 내고 그 문은 옆으로 내고 상 중 하 삼층으로 할찌니라 **17** 내가 홍수를 땅에 일으켜 무릇 생명의 기식 있는 육체를 천하에서 멸절하리니 땅에 있는 자가 다 죽으리라[22]

몬레알레 W20: 노아와 그의 후손들

인류의 첫 가부장 제도를 누린 노아의 생애는 몬레알레 성당 모자이크에 기록되었고, 회랑 기둥머리에는 대홍수와 방주를 떠난 후의 모습을 기록한다. 서쪽 기둥머리에서 노아는 하나님에 감사 제물로

---

22 **5** The LORD saw how great the wickedness of the human race had become on the earth, and that every inclination of the thoughts of the human heart was only evil all the time. **6** The LORD regretted that he had made human beings on the earth, and his heart was deeply troubled. **7** So the LORD said, "I will wipe from the face of the earth the human race I have created—and with them the animals, the birds and the creatures that move along the ground—for I regret that I have made them." **8** But Noah found favor in the eyes of the LORD. […] **12** God saw how corrupt the earth had become, for all the people on earth had corrupted their ways. **13** So God said to Noah, "I am going to put an end to all people, for the earth is filled with violence because of them. I am surely going to destroy both them and the earth. **14** So make yourself an ark of cypress wood; make rooms in it and coat it with pitch inside and out. **15** This is how you are to build it: The ark is to be three hundred cubits long, fifty cubits wide and thirty cubits high. **16** Make a roof for it, leaving below the roof an opening one cubit high all around. Put a door in the side of the ark and make lower, middle and upper decks. **17** I am going to bring floodwaters on the earth to destroy all life under the heavens, every creature that has the breath of life in it. Everything on earth will perish.

노아 방주 건설(부분)의 예술적 묘사, 누렘베르그 연대기, 1493

양을 희생한다. 무지개와 그 위의 마누스 데이(Manus Dei 하나님 손)는 하나님과의 언약이다. 다음 기둥머리에 노아의 아들들은 포도를 따려 아버지와 함께 포도밭으로 일하려고 간다. 동쪽 기둥머리에서 노아는 세 아들 앞에 술 취해 누워 있다. 막내 함은 아버지를 조롱하려 형제들을 불렀지만, 셈과 야벳은 부끄러워 노아의 몸을 가렸다. 그 후 노아는 함의 후손들을 저주한다. 마지막 기둥머리는 천국에 도달하려 설계된 바벨탑이다. 하나님은 이곳에서 언어를 혼동케 하여 뻔뻔스러운 인간 행위를 벌하였고, 그들을 온 세상으로 흩어지게 했다. 희생, 포도밭에서 포도주 만드는 인간, 바벨탑 건설을 묘사한 조각은 특별한 주의와 풍부한 세부로 처리되었다. 이 특징은 11세기 인기였던 상아(ivory) 재료로 만든 조각에서 영감받았다.

생트 마리 마들렌, 베즐레 81: 노아의 방주 건축

노아의 방주는 창세기 홍수 이야기(창세기 6~9)에 관련된 것으로, 하나님은 세상을 뒤덮는 홍수에서 노아와 그의 가족, 모든 동물의 예를 살려둔다. 노아의 방주는 유세비우스 시대(275~339 BC)부터 검색되었으며, 방주를 믿는 사람들은 여전히 그것을 찾고 있다. 많은 수색에도, 확실한 물리적 증거는 발견되지 않았다.

기둥머리 정면 왼쪽에 턱수염 달린 노아가 중심에 놓여있는 굵은 나뭇가지를 자르러 양손에 짧은 도끼를 쥐고 있다. 나무줄기 위에 벽이 달린 조그만 구조는 뾰족한 지붕을 가진다. 오른쪽에는 노아의 아들 혹은 그의 아내가 땅바닥에서 몸을 기울여 손가락으로 창문을 대충 조사한다. 역시 벨트에 도끼를 찬 것 같다. 일부 학자는 대홍수가 지난 후 노아가 오두막을 짓는 장면으로 해석한다.

창세기 (22:1~13) 아브라함의 믿음

1 그 일 후에 하나님이 아브라함을 시험하시려고 그를 부르시되 아브라함아 하시니 그가 가로되 내가 여기 있나이다 **2** 여호와께서 가라사대 네 아들 네 사랑하는 독자 이삭을 데리고 모리아 땅으로 가서 내가 네게 지시하는 한 산 거기서 그를 번제로 드리라 […] **7** 이삭이 그 아비 아브라함에게 말하여 가로되 내 아버지여 하니 그가 가로되 내 아들아 내가 여기 있노라 이삭이 가로되 불과 나무는 있거니와 번제할 어린 양은 어디 있나이까 **8** 아브라함이 가로되 아들아 번제할 어린 양은 하나님이 자기를 위하여 친히 준비하시리라 하고 두 사람이 함께 나아가서 **9** 하나님이 그에게 지시하신 곳에 이른지라 이에 아브라함이 그곳에 단을 쌓고 나무를 벌여놓고 그 아들 이삭을 결박하여 단 나무 위에 놓고 **10** 손을 내밀어 칼을 잡고 그 아들을 잡으려 하더니 **11** 여호와의 사자가 하늘에서부터 그를 불러 가라사대 아브라함아 아브라함아 하시는지라 아브라함이 가로되 내가 여기 있나이다 하매 **12** 사자가 가라사대 그 아이에게 네 손을 대지 말라 아무 일도 그에게 하지 말라 네가 네 아들 네 독자라도 내게 아끼지 아니하였으니 내가 이제야 네가 하나님을 경외하는 줄을 아노라 **13** 아브라함이 눈을 들어 살펴본즉 한 수양이 뒤에 있는데 뿔이 수풀에 걸렸는지라 아브라함이 가서 그 수양을 가져다가 아들을 대신하여 번제로 드렸더라[23]

---

23. **1** Some time later God tested Abraham. He said to him, "Abraham!" "Here I am," he replied.

   2 Then God said, "Take your son, your only son, whom you love—Isaac—and go to the

상 피에르, 모아삭 W1: 아브라함의 희생

아브라함의 희생에 관한 이야기
는 기둥머리 그룹 세 면에 전개
된다. 오른쪽에 아브라함과 이삭
이 번제를 위해 나무를 운반하고,
하나님 명령에 따라 모리아 땅으
로 출발한다 (창세기 22:1~13). 한 명은
나귀에 앉았고, 그의 손은 주름이 졌다. 반대편은 그의 오른쪽 검지
로 아브라함의 치명적인 움직임을 지원하는 천사이다. 숫양을 그의
발아래에서 볼 수 있다. 남쪽 기둥머리에서, 손과 발을 족쇄로 채
운 이삭은 불꽃이 위로 오르는 희생 모닥불에 앉아 왼쪽으로 몸을

---

region of Moriah. Sacrifice him there as a burnt offering on a mountain I will show you."
[⋯] **7** Isaac spoke up and said to his father Abraham, "Father?" "Yes, my son?" Abraham
replied. "The fire and wood are here," Isaac said, "but where is the lamb for the burnt offer-
ing?" **8** Abraham answered, "God himself will provide the lamb for the burnt offering, my
son." And the two of them went on together. **9** When they reached the place God had told
him about, Abraham built an altar there and arranged the wood on it. He bound his son
Isaac and laid him on the altar, on top of the wood. **10** Then he reached out his hand and
took the knife to slay his son. **11** But the angel of the LORD called out to him from heaven,
"Abraham! Abraham!" "Here I am," he replied. **12** "Do not lay a hand on the boy," he said.
"Do not do anything to him. Now I know that you fear God, because you have not withheld
from me your son, your only son." **13** Abraham looked up and there in a thicket he saw a
ram caught by its horns. He went over and took the ram and sacrificed it as a burnt offering
instead of his son. **14** So Abraham called that place The LORD Will Provide. And to this day
it is said, "On the mountain of the LORD it will be provided."

돌린다. 아브라함은 왼손으로 관을 쓴 이삭을 움켜쥐고 오른손으로 칼을 휘두른다. 제단 뒤의 천사는 이삭 위에 보호 날개를 얹고 오른손을 올려 권위 있는 몸짓으로 축복한다. 아브라함과 그의 자손을 축복하는 천사는 하나님이 선택한 백성과 계약 맺는 순간을 강조한다. 조각이 창세기의 이야기 순서대로 따르지 않음은 상 피에르 승원 회랑 후원자의 의도에서 온다. 다음 기둥머리에서 왼쪽에 천사는 고대 철학자의 자세처럼 왼손으로 망토 밑을 잡고 오른손을 망토 주름 위로 놓는다. 인근에 있는 툴루즈 상 세르냉 대성당의 영향이다.

창세기 (27:1~27) **이삭의 야고보 축복**

1 이삭이 나이 많아 눈이 어두워 잘 보지 못하더니 맏아들 에서를 불러 가로되 내 아들아 하매 그가 가로되 내가 여기 있나이다 하니 […] **4** 나의 즐기는 별미를 만들어 내게로 가져다가 먹게 하여 나로 죽기 전에 내 마음껏 네게 축복하게 하라 **5** 이삭이 그 아들 에서에게 말할 때에 리브가가 들었더니 에서가 사냥하여 오려고 들로 나가매 **6** 리브가가 그 아들 야곱에게 일러 가로되 네 부친이 네 형 에서에게 말씀하시는 것을 내가 들으니 이르시기를 […] **11** 야곱이 그 모친 리브가에게 이르되 내 형 에서는 털사람이요 나는 매끈매끈한 사람인즉 **12** 아버지께서 나를 만지실찐대 내가 아버지께 속이는 자로 뵈일찌라 복은 고사하고 저주를 받을까 하나이다 […] **16** 또 염소 새끼의 가죽으로 그 손과 목의 매끈매끈한 곳에 꾸미고 **17** 그 만든 별미와 떡을 자기 아들 야곱의 손에 주매 […]

22 야곱이 그 아비 이삭에게 가까이 가니 이삭이 만지며 가로되 음성은 야곱의 음성이나 손은 에서의 손이로다 하며 **23** 그 손이 형 에서의 손과 같이 털이 있으므로 능히 분별치 못하고 축복하였더라 [⋯] **27** 그가 가까이 가서 그에게 입맞추니 아비가 그 옷의 향취를 맡고 그에게 축복하여 가로되 내 아들의 향취는 여호와의 복 주신 밭의 향취로다[24]

생트 마리 마들렌, 베즐레 30: 이삭의 야고보 축복

대부분 이론은 기둥머리 이미지가 이삭의 축복을 받는 야고보에 동의한다 (창세기 27:1~27). 장님 이삭은 큰아들 에서에 축복 주기를

---

24. **1** When Isaac was old and his eyes were so weak that he could no longer see, he called for Esau his older son and said to him, "My son." "Here I am," he answered. [⋯] **4** Prepare me the kind of tasty food I like and bring it to me to eat, so that I may give you my blessing before I die." **5** Now Rebekah was listening as Isaac spoke to his son Esau. When Esau left for the open country to hunt game and bring it back, **6** Rebekah said to her son Jacob, "Look, I overheard your father say to your brother Esau, [⋯] **11** Jacob said to Rebekah his mother, "But my brother Esau is a hairy man while I have smooth skin. **12** What if my father touches me? I would appear to be tricking him and would bring down a curse on myself rather than a blessing." [⋯] **16** She also covered his hands and the smooth part of his neck with the goatskins. **17** Then she handed to her son Jacob the tasty food and the bread she had made. [⋯] **22** Jacob went close to his father Isaac, who touched him and said, "The voice is the voice of Jacob, but the hands are the hands of Esau." **23** He did not recognize him, for his hands were hairy like those of his brother Esau; so he proceeded to bless him. [⋯] **27** So he went to him and kissed him. When Isaac caught the smell of his clothes, he blessed him and said, "Ah, the smell of my son is like the smell of a field that the LORD has blessed.

원했지만, 아내 레베카/리브가는 어린 아들 야고보를 에서로 가장하여 이삭의 축복을 받게 하였다. 야고보의 손이 거친 펠트로 덮여, 이삭은 에서의 털 많은 손으로 느꼈다. 그는 왼쪽에 뒷받침 없는 의자에 앉았고 그 뒤에 에서가 사냥에서 돌아온다. 이삭과 야고보는 두 아치 아래 마주 본다. 수염 달린 이삭의 눈은 감겨있고, 그는 야고보의 손을 축복하기 위해 손을 뻗는다. 오른쪽에 수염이 없는 야고보는 이삭의 손을 꽉 쥐며 펠트로 덮는다. 그 뒤에 기다란 모습, 띠를 맨 옷, 그리고 머리에 천 베일을 쓴 여자는 레베카일 것이다. 그녀는 중앙을 바라보며, 손바닥을 턱과 목 앞에서 함께 꽉 쥔다.

몬레알레 E18: 요셉과 그의 형제들

요셉과 그의 형제들에 대한 성경 기록은 기둥머리 북쪽에서 요셉의 꿈으로 시작, 그의 아버지와 11명 형제다. 요셉은 자신과 그 형제들을 밀 묶음들로 보았고, 형제들의 묶음이 자신의 것에 절하고 있었다. 다른 꿈에서 태양, 달, 별들 모두가 요셉에게 절했다. 이 꿈들에

아버지 야고보는 요셉을 꾸짖었고 질투하는 형제들도 아버지가
애호하는 아들에게 분노했다. 서쪽 기둥머리에서 형제들은 양을 돌
보던 들판으로 가는 길에서 요셉이 오는 것을 보고, 그를 죽이려 공
모한다. 남쪽 기둥머리에 요셉은 형제들이 그를 던진 우물에서 꺼내
어져 이집트로 가는 이동 마차에 팔렸다. 형제들은 아버지를 속이
려 도살된 염소 피에 튜닉을 담갔다. 마지막 기둥머리에서 그들은
피 젖은 튜닉을 아버지에게 가져가 야생 동물이 요셉을 죽였다고
주장한다. 아버지는 비통하며 요셉의 옷을 찢는다. 몬레알레 승원
회랑에서 구약과 신약 주제의 숫자에 균형을 이루나, 그리스도 수
난의 직접 이야기는 없고, 대신 요셉과 그의 형제들을 묘사한 이 기
둥머리가 신약과의 유형학적 연결이다. 요셉을 이동 마차에 판매한
사실은 유다가 예수를 배신한 것이며, 앞에서 언급한 술 취한 노아
의 조롱은 예수의 조롱과 연결된다.

출애굽기 (32:15~19) 모세와 황금 송아지

15 모세가 돌이켜 산에서 내려 오는데 증거의 두 판이 그 손에 있고 그 판의 양면 이편 저편에 글자가 있으니 **16** 그 판은 하나님이 만드신 것이요 글자는 하나님이 쓰셔서 판에 새기신 것이더라 **17** 여호수아가 백성의 떠듦을 듣고 모세에게 말하되 진중에서 싸우는 소리가 나나이다 **18** 모세가 가로되 이는 승전가도 아니요 패하여 부르짖는 소리도 아니라 나의 듣기에는 노래하는 소리로다 하고 **19** 진에 가까이 이르러 송아지와 그 춤추는 것을 보고 대노하여 손에서 그 판들을 산 아래로 던져 깨뜨리니라[25]

생트 마리 마들렌, 베즐레 56: 모세와 황금 송아지

모세가 직면한 황금 송아지는 그가 부재한 사이에 이스라엘인들이 만든 우상이다 (출애굽기 32:15~19). 기둥머리 왼쪽에 턱수염의 모세가 오른손에 지팡이를 휘두르고, 왼손으로 시나이산에서 하나님이 그에게 준 율법의 두 태블릿을 들어 올린다. 중심에 화염의 머리카락을

---

25. **1** Moses turned and went down the mountain with the two tablets of the covenant law in his hands. They were inscribed on both sides, front and back. **16** The tablets were the work of God; the writing was the writing of God, engraved on the tablets. **17** When Joshua heard the noise of the people shouting, he said to Moses, "There is the sound of war in the camp." **18** Moses replied: "It is not the sound of victory, it is not the sound of defeat; it is the sound of singing that I hear." **19** When Moses approached the camp and saw the calf and the dancing, his anger burned and he threw the tablets out of his hands, breaking them to pieces at the foot of the mountain.

가진 악마가 금 송아지의 열린 입에서 뛰쳐나온다. 악마는 벌거벗었고 큰 이빨의 열린 입에 크고 둥근 머리이다. 뒷발은 사자 발톱 같다. 그의 등을 천으로 덮인 큰 황금 송아지는 머리를 뒤로 돌린다. 오른쪽에 턱수염의 이스라엘인이 황금 송아지의 희생 제물로 숫양을 운반하는 것 같다.

CHAPTER

4

사자와 영웅:
삼손 · 다윗 · 다니엘

시편의 포괄적 이해

시편을 개인적 시 또는 이스라엘의 특정 사건을 다룬 시로 간주해 왔지만, 최근 연구는 밝히기를, 시편 대부분은 솔로몬 성전과 그 지역 성소 예배에 기초를 둔다. 이 점을 선호하는 몇 요소가 있다.

(1) 시편은 예배에 사용되는 이야기이다. 다윗이 계약의 궤를 처음 예루살렘으로 가져왔을 때, 그 도착에 춤과 노래가 동반되었다. 역대기의 설명에는 그때 부른 노래의 예가 포함하는데, 시편의 것들과 유사하다.

(2) 시편의 종교적 노래와 시처럼 구약의 다른 구절들도 예배에 사용되었다.

(3) 시편에 사용된 이미지들은 팔레스타인 고대 문화 장소들의 종교적 노래와 시에 나타난 이미지와 유사하다. 우가리트 텍스트가 묘사한 바알(Baal) 숭배 노래와 여러 시편에는 신학 사상은 다르나, 언어적으로 밀접하다. 시편과 다른 텍스트들을 비교하면, 구약에서 사용된 모호한 히브리어 단어들의 의미에 이해를 도울 수 있다.

(4) 예루살렘 성전과 그곳에서 행한 숭배는 성전에 하나님 임재를

상징하며, 시편의 여러 주제와 참가자의 예배 참여를 간절히 바람이다. 그들 중 일부는 희생적 숭배와 국가 축제일을 직접 언급한다.

(5) 일부 시편의 구조는 특정한 숭배를 위한 전례로 사용된 것 같다. 일부는 예배에 참여하여 질문하고 응답받는 사람들을 묘사한다. 시편 제목에 불분명한 언급은 숭배에 사용되는 탓으로, 여러 시편에 나타나는 히브리어 "셀라(Selah)"는 성전 서명자들과 음악가들에 지침이 된다.

구약 중 시편은 기독교인에게 가장 친숙하다. 단어 "시편"은 그리스어 *psalmos*에서 사용, 차례로 악기 음악이나 노래를 의미하는 히브리어 *mizmor*의 번역이다. 따라서 시편 이야기는 대부분 노래에 관해, 현대 찬송가와 비유할 수 있다. 시편은 이스라엘의 고대 찬송가였으며, 성전 예배와 후기의 회당에서 사용되었다. 시편의 히브리어 제목으로 암시할 수 있지만, 노래뿐 아니라 시편 낭독조차도 개별과 단체의 애도, 지혜, 구원의 역사를 찬양했음이다.

(개별 애도) 시편 12, 44, 58, 60, 74, 79, 80, 83, 85, 90, 94, 123, 126, 129, 137

(단체 애도) 시편 3, 4, 5, 7, 9, 10, 13, 14:53, 17, 22, 25, 26, 27:7~14, 28, 31, 35, 39, 40:12~17, 41, 42, 43, 52, 54, 55, 56, 57, 59, 61, 64, 69, 70, 71, 77, 86, 88, 89, 109, 120, 139, 140, 141, 142

(찬양 노래) 시편 8, 19:1~6, 29, 33, 46, 48, 66:1~12, 76, 84, 87,

93, 96~100, 104, 105, 113, 117, 122, 135, 136, 145~150

(추수 감사절 노래) 시편 67, 75, 107과 124는 지역 사회에 감사; 18, 30, 32, 34, 40, 66, 92, 116, 118과 138은 개별 감사

(메시아 적/왕권) 시편 18, 20, 21, 45:4, 72, 101, 110, 144:1~11. 대부분은 추수 감사절 노래이고, 일부는 왕에 관함

(율법 또는 지혜) 시편 1, 119는 율법; 32, 34, 37, 49, 111, 112는 지혜

(순례) 시편 120~134. 예루살렘 시온 산의 축제까지 여행 도중에 부름

따라서, 시편의 3분의 1 이상은 개인 혹은 공동 집단으로서 하나님에 대한 애도, 외침 또는 불평이다. 전반적으로 애도들은 (1) 하나님에 청원, (2) 불만, (3) 신뢰 고백, (4) 탄원, (5) 보증의 언약, (6) 칭찬의 서약으로, 예배용인 것 같다. 인간 마음의 자발적 외침이 아니라, 숭배자들이 자신의 세계와 나라의 고통을 이야기하게끔 신중히 구성된 시적 반응이다. 대부분 사람이 한 번에 하나 이상의 애도를 식별할 수 있어, 애도의 일반 특성은 보편적 사용을 향상한다.

시편의 다른 주요 범주는 찬송가 또는 찬양의 노래이다. 이들 중 일부는 더 구체적으로 시온이나 예루살렘에 관한 것으로 "시온의 노래"라 불렸다 (46, 48, 76, 84, 87, 122). 시편 찬송가는 소개, 본문, 결론을 포함한 명확한 구조의 감사 찬송이다. 소개에는 자신 또는 다른 사람에게 연설, 청원이 포함되고, 그다음에는 하나님의 찬양 이유가 있다. 그의 우주 창조나 특히 유대인들을 구한 행위로, 이것은 고대의 다른 인종 그룹 및 종교 찬송가와 구별된다.

시편의 또 다른 범주에는 찬송가처럼 구체적인 구조가 없는 추수

감사절 노래이다. 일부는 "왕의 시편"이라 불리며, 왕의 삶 측면에 관한 것이며, 그중 일부는 "메시아적 시"이다. 그들은 이상적인 왕이나 마지막 대왕에 관한다. 메시아 시편의 기원은 사무엘하(7)에 언급, 하나님 백성으로 그들의 왕이 하나님에 충실하면 다윗의 계보에서 왕들이 영원히 나타날 것이라는 약속 담긴 나단의 신탁이다.

율법 시편은 지혜 시편과 밀접하게 연관 맺는다. 사람들이 예루살렘에 올라갈 때 부른 "순례 노래"이다. 일부는 성문을 여는 데 초점을 두고, 다른 것들은 그룹화되며 다양하다. 입문식 시편(15, 24:3~6)은 왕이 의식 행렬로 예루살렘에 입장하면서 말하거나 부른다.

시편 이해에 열쇠는 이것이 인간의 노래, 기도 및 하나님 말씀을 깨닫는 것이다. 이들은 하나님 성품이 아니라 주로 인간 성품의 계시이다. "여호와는 말씀하시되"라는 예언적 신탁과 달리, 인간에게 하나님의 뜻, 품성 및 계획을 드러낸다.

시편의 저자에 관해, 다윗의 시대부터 둘째 성전에 이르기까지 이스라엘 역사의 여러 시대를 통한다. 시편 중 34개의 익명은 다양한 저자들을 암시한다. 116 편만이 제목이 달려있다. 전통적으로, 시편의 시작은 다윗이다. 그 후, 여러 저자가 다윗의 지도를 따라 시편을 작곡, 즉 시편(18, 23)과 사무엘하(22)의 변형들이다. 시편에서 이 노래는 예배를 위해 개편되었으며 더 많은 청중을 대상으로 한다. 이 예는 중요한 단서를 제공한다. 여러 시가 지혜의 시나 기도로 다시 만들어져 예배에서 부르거나 다른 용도로 사용되었음이다. 모든 시편은 정규적으로 단어 "셀라"에서 숭배를 암시, 예배에서 대중의 암송이 중단되었음을 제시한다.

왕이나 메시아 시편 중에 시편 110은 중요하여, 마가복음(12)에서 예수는 그리스도 의미와 경험을 실행하고 해석하기 위해 이것을 사용하였다. 왕 시편의 최초는 물론 다윗과 그의 후손이었을 것이다. 하나님은 예수를 궁극적 아들로 계획하여 다윗 왕의 본래 의미를 합법적으로 확장했다. 예수는 시편에 나타나는 여러 삶과 죽음을 성취하였다.

다윗의 창조 송시 (시편 8)

시편 8은 창조주의 일을 찬양한 완벽한 예이며, 호소에 정상적 구조를 가진다. 이스라엘의 예배에서 불렸음은 의심의 여지가 없다. 이 숭고한 찬송에는 하나님이 누구이며, 지상에서 인간 역할이 하나님의 관점에서 무엇인지이다. 찬송은 창조에 관한 토론, 하나님 형상으로 만든 인류에 대한 언급, 하나님이 인간에게 준 임무를 포함하여 창세기를 비춘다. 하나님과 인간관계를 위해 독특히 만들어졌고 하나님과 같은 이미지로 지상을 지배하는 임무를 완수하여 위엄을 공유할 수 있다.

> **1** 여호와 우리 주여 주의 이름이 온 땅에 어찌 그리 아름다운지요 주의 영광을 하늘 위에 두셨나이다 **2** 주의 대적을 인하여 어린 아이와 젖먹이의 입으로 말미암아 권능을 세우심이여 이는 원수와 보수자로 잠잠케 하려 하심이니이다 **3** 주의 손가락으로 만드신 주의 하늘과 주의 베풀어 두신 달과 별들을 내가 보오니 **4** 사람이 무엇이관대 주께서 저를 생각하시며 인자가 무엇이관대 주께서 저를 권고하시나이까 **5** 저를 천사보다 조금

못하게 하시고 영화와 존귀로 관을 씌우셨나이다 **6** 주의 손으로 만드신 것을 다스리게 하시고 만물을 그 발 아래 두셨으니 **7** 곧 모든 우양과 들짐승이며 **8** 공중의 새와 바다의 어족과 해로에 다니는 것이니이다 **9** 여호와 우리 주여 주의 이름이 온 땅에 어찌 그리 아름다운지요 [26]

시편의 어조는 시작의 부름으로 설정, 경외, 경이 및 기쁨으로 표현한다. 중심 주제는 자연과 인간 본성 또는 인간 역할에서 드러나듯이 하나님의 위엄과 장엄이다. 시편 필자는 창조에 대해 생각, 그 광대 함과 아름다움에 인간은 무의미하다. 그러나 하나님은 인간을 돌보고 존경의 장소로 높인다. 다른 고대 문화는 신을 자연의 일부로 보았다. 반면에, 시편은 인간 존재를 이해하려 자연을 하나님 아버지로 인식하고, 하나님 계시에 의해서만 인간의 진정한 위치와 임무를 배울 수 있다.

이 찬송은, 하나님이 인간에게 준 권능과 특권을 취하여 자신의

---

26 **1** LORD, our Lord, how majestic is your name in all the earth! You have set your glory in the heavens. **2** Through the praise of children and infants you have established a stronghold against your enemies, to silence the foe and the avenger. **3** When I consider your heavens, the work of your fingers, the moon and the stars, which you have set in place, **4** what is mankind that you are mindful of them, human beings that you care for them? **5** You have made them a little lower than the angels and crowned them with glory and honor. **6** You made them rulers over the works of your hands; you put everything under their feet: **7** all flocks and herds, and the animals of the wild, **8** the birds in the sky, and the fish in the sea, all that swim the paths of the seas. **9** LORD, our Lord, how majestic is your name in all the earth!

목표를 섬기는 데 사용했다. 나아가, 신약은 창조를 남용하지 않고 정당하게 통치하는 타락지 않은 인간 예수 그리스도에게 지배권을 부여함이다. 궁극적으로, 그리스도가 재임할 때, 인간은 창조물에 대한 지배권을 드러낼 것이다. 예수는 첫째 아담에게 주어진 임무를 올바르게 수행한 마지막 아담이다. 그가 이것을 달성할 때, 인류는 지배권을 가지며 새로운 하늘과 새로운 땅이 있을 것이다.

다윗의 하나님 애가 (시편 22)

시편 22는 메시아 시편 110과 함께 신약이 가장 많이 인용한다. 마태복음의 십자가 이야기는 시편 22에 기초한 것으로, 예수의 삶 끝의 성취를 말한다. 예수가 부르짖은 첫 줄은 아람 언어의 인용문이다. 이 시의 본래 의미가 무엇인가? 시편 필자는 아마 다윗으로 그는 극심한 고통을 겪는다. "나의 하나님, 나의 하나님" 부르짖음은 다윗이 하나님을 떠나지 않는 대신, 그는 하나님에서 버림받은 것 같다. 왜 이런 일이 그에게 일어났는지 묻지 않고, 왜 하나님은 자신의 궁핍한 시간에 그를 버리는지를 묻는다. 이 말은 하나님의 무관심에 대적함이 아니고 절망의 외침이다.

1 내 하나님이여 내 하나님이여 어찌 나를 버리셨나이까 어찌 나를 멀리하여 돕지 아니하옵시며 내 신음하는 소리를 듣지 아니하시나이까 2 내 하나님이여 내가 낮에도 부르짖고 밤에도 잠잠치 아니하오나 응답지 아니하시나이다 3 이스라엘의 찬송 중에 거하시는 주여 주는 거룩하시니이다 4 우리 열조가 주께

의뢰하였고 의뢰하였으므로 저희를 건지셨나이다 **5** 저희가 주께 부르짖어 구원을 얻고 주께 의뢰하여 수치를 당치 아니하였나이다 **6** 나는 벌레요 사람이 아니라 사람의 훼방거리요 백성의 조롱거리니이다 […] **11** 나를 멀리하지 마옵소서 환난이 가깝고 도울 자 없나이다. […] **28** 나라는 여호와의 것이요 여호와는 열방의 주재심이로다 **29** 세상의 모든 풍비한 자가 먹고 경배할 것이요 진토에 내려가는 자 곧 자기 영혼을 살리지 못할 자도다 그 앞에 절하리로다 **30** 후손이 그를 봉사할 것이요 대대에 주를 전할 것이며 **31** 와서 그 공의를 장차 날 백성에게 전함이여 주께서 이를 행하셨다 할 것이로다[27]

겁에 질려있는 다윗은 자신의 외침 소리를 듣지 않는 하나님이 멀리 있음을 강조하며 쓸모없는 것 같다. 밤낮으로 울고 있지만, 그는 하나님을 신뢰하도록 가르쳤고, 그의 경험도 그렇지 않다. 아마

---

27 **1** My God, my God, why have you forsaken me? Why are you so far from saving me, so far from my cries of anguish? **2** My God, I cry out by day, but you do not answer, by night, but I find no rest. **3** Yet you are enthroned as the Holy One; you are the one Israel praises. **4** In you our ancestors put their trust; they trusted and you delivered them. **5** To you they cried out and were saved; in you they trusted and were not put to shame. **6** But I am a worm and not a man, scorned by everyone, despised by the people. […] **11** Do not be far from me, for trouble is near and there is no one to help. […] **28** for dominion belongs to the LORD and he rules over the nations. **29** All the rich of the earth will feast and worship; all who go down to the dust will kneel before him — those who cannot keep themselves alive. **30** Posterity will serve him; future generations will be told about the Lord. **31** They will proclaim his righteousness, declaring to a people yet unborn: He has done it!

하나님의 거룩함이 그에게 멀리 보인다. 이스라엘 찬양 예배를 기억하며, 하나님 백성의 역사를 되돌아본다. 끔찍한 상황에 하나님은 다윗의 선조들이 이집트를 탈출하도록 도왔고 자기도 도와주었다. 다윗의 청원에 하나님의 잠잠함은 합당한 이유가 있다. 다윗은 자신의 무가치감을 극복하고 고통을 이해하나, 자신의 백성에 의해 조롱 당함은 참을 수 없다.

28~30절은 인류 역사의 결론이다. 육체의 부활이 아니라면 무덤 너머의 의식적 삶이다. 요점은 하나님 통치를 넘어서는 사람이 없다. 과거의 모든 인류가 그렇게 했듯이, 현재의 모든 민족은 하나님을 숭배해야 하고, 모든 미래의 자손들도 그렇게 할 것이다. 현재의 인간은 하나님을 섬기도록 자손들에게 지시할 것이다. 이 장엄한 시는 내세, 악의 문제, 곤경에 처한 하나님의 구출이 담긴 풍부한 생각들을 담았다. 이 시편은 신약에서 적절히 적용되었다. 죽음을 초월한 예수이지만, 자신의 마지막 말로 선택했을 것이다.

> **8** 사람의 모양으로 나타나셨으매 자기를 낮추시고 죽기까지 복종하셨으니 곧 십자가에 죽으심이라 **9** 이러므로 하나님이 그를 지극히 높여 모든 이름 위에 뛰어난 이름을 주사 **10** 하늘에 있는 자들과 땅에 있는 자들과 땅 아래 있는 자들로 모든 무릎을 예수의 이름에 꿇게 하시고 **11** 모든 입으로 예수 그리스도를 주라 시인하여 하나님 아버지께 영광을 돌리게 하셨느니라 (빌립보서 2:8~11) [28]

---

28 **8** And being found in appearance as a man, he humbled himself by becoming obedient to

다윗의 목자 노래 (시편 23)

학자들은 이것을 신뢰의 노래로 동의하나, 다윗이 의미하는 히브리어 문구를 해독하기 어렵다. 성격은 목자였던 다윗 자신에게로 돌아간다.

> **1** 여호와는 나의 목자시니 내가 부족함이 없으리로다 **2** 그가 나를 푸른 초장에 누이시며 쉴만한 물 가으로 인도하시는도다 **3** 내 영혼을 소생시키시고 자기 이름을 위하여 의의 길로 인도하시는도다 **4** 내가 사망의 음침한 골짜기로 다닐찌라도 해를 두려워하지 않을 것은 주께서 나와 함께 하심이라 주의 지팡이와 막대기가 나를 안위하시나이다 **5** 주께서 내 원수의 목전에서 내게 상을 베푸시고 기름으로 내 머리에 바르셨으니 내 잔이 넘치나이다 **6** 나의 평생에 선하심과 인자하심이 정녕 나를 따르리니 내가 여호와의 집에 영원히 거하리로다 [29]

---

death— even death on a cross! **9** Therefore God exalted him to the highest place and gave him the name that is above every name, **10** that at the name of Jesus every knee should bow, in heaven and on earth and under the earth, **11** and every tongue acknowledge that Jesus Christ is Lord, to the glory of God the Father.

29 **1** The LORD is my shepherd, I lack nothing. **2** He makes me lie down in green pastures, he leads me beside quiet waters, **3** he refreshes my soul. He guides me along the right paths for his name's sake. **4** Even though I walk through the darkest valley, I will fear no evil, for you are with me; your rod and your staff, they comfort me. **5** You prepare a table before me in the presence of my enemies. You anoint my head with oil; my cup overflows. **6** Surely your goodness and love will follow me all the days of my life, and I will dwell in the house of the LORD forever.

1~4절은 목자로서, 5~6절은 주인으로서 하나님을 신뢰하는 개인 노래이며, 하나님의 보호와 공급이 주제이다. "여호와는 나의 목자이다"라는 믿음 진술로 시작, 다윗은 개인 용어로 "나의 목자"를 강조하여, 하나님에 특별한 소속감과 독특한 관계를 의미한다. 고대 종교에서 신을 목자로 부름은 독특하지 않지만, 여기서 다윗은 자신을 위해 주장한다. 하나님은 다윗의 목자이므로, 다윗은 고통을 겪지 않는다. 좋고 나쁜 시기에 다윗은 인내와 승리에 필요한 모든 것이 준비되었다.

물질세계에 인간에게 하나님의 필요성은 당연하다. 하나님의 계획과 공급에 따라 인간은 축복받기 때문이다. 좋고 나쁜 시기에도 하나님을 인정하고 영화롭게 함이 참된 신자의 표시이다. 좋은 때 하나님을 잊고 나쁠 때만 하나님을 부르면 안 된다. 진정한 신자 믿음은 자신의 상황에 의존치 않고, 하나님의 유익을 사다리로 사용하여 하나님에 다가가는 신자이다. 다윗은 자신이 아니라 하나님에 확신을 가진다. 그는 깊은 어둠의 골짜기를 걸었기 때문이다.

2절은 하나님의 은혜로운 행동 결과이다. 신자는 하나님과 하나님 섭리를 신뢰하고 하나님 없이는 그것을 만들 수 없음을 본다. 자신의 행동에 안내와 보호가 필요하고, 때때로 구출과 훈련을 받아야 하는 양인데, 양은 지속적인 감독과 울타리가 필요하다. 목자는 양들을 먹이를 위해 녹색 목초지의 부드럽게 흐르는 물 옆으로 데리고 간다. 그러나 빠른 물에 가까워지면 양들은 발을 잃고 떠내려갈 수 있다.

3절은 사막에는 길을 잃기 쉽다. 하나님은 올바른 길로 그의 양을 인도한다. 하나님은 인간의 유익뿐 아니라 자신을 위해서이다.

인류에 대한 그의 뜻을 반영하고 계시하여 모든 민족에게 하나님의 임재를 인정하기 원한다. 인간은 그의 증인으로, 출애굽에서 하나님의 이스라엘 구원에 대한 암시이다.

4절에 음침한 골짜기는 완전 어둠을 의미하며 위험이 내포된다. 어떤 해석은 적의 언덕 가장자리에서 화살을 발사할 수 있는 이스라엘의 깊은 계곡을 제안한다. 다윗은 하나님으로 인하여 악을 두려워하지 않으며 자신감을 얻는다. 다른 어떤 힘보다도 하나님이 더크다. 계곡의 어둠 속에서 적을 물리침은, 구멍에 빠져 구조받는 양에게 양치기 도구처럼 큰 위로이다.

5~6절에 이미지가 바뀌어, 다윗이 상상하는 피조물은 양이 아니고 적의 인간이다. 베두인 관습에 의하면, 한 사람이 베두인 텐트에 들어왔을 때, 주인의 보호를 받듯, 목자는 평화와 화해를 원한다. 여기서 하나님 성전에 대한 히브리어 단어가 사용되지 않고, 이스라엘 유목민의 천막 또는 하나님 성막을 지칭하는 "거주" 단어가 사용되었다. 이것이 다윗의 초기 시편이라면, 그 당시 성전이 없었다. 베두인 습관은 손님의 머리에 기름을 발라주어 뜨거운 태양에서 보호했다. 천막에서 잔이 넘침은 훌륭한 환대의 축제 식사의 의미로, 하나님이 오랜 적들 사이에 화해를 가져온다.

> **46** 너는 내 머리에 감람유도 붓지 아니하였으되 저는 향유를
> 내 발에 부었느니라 (누가복음 7:46) [30]

---

30 **46** You did not put oil on my head, but she has poured perfume on my feet.

다윗은 과거와 현재의 하나님이 자신을 위해 베푼 경험을 바탕으로 미래를 바라본다. 마지막 절은 모든 노력에 개인 반응이다. 하나님 천막으로 계속 돌아와 머무르며, 하나님의 긍휼한 호의에 응답으로 신실함과 충성심을 나타낸다. 그는 하나님에 자신의 의무를 다할 것이다. 숭배하는 하나님은 충성스러운 사랑을 나타냈고, 희생을 통해 은혜를 베풀었다. 다윗은 살아 있는 한, 목자와 만나 친교를 나누려 천막에 계속 갈 것이다. 예수가 신약에서 자신을 "선한 목자"라 부른 것은 우연이 아니다.

> **11** 나는 선한 목자라 선한 목자는 양들을 위하여 목숨을 버리거니와 (요한복음 10:11)[31]

항상 이스라엘 목자인 하나님과 하나 됨을 암시한다. 이스라엘 지도자들을 목자로 불려, 다윗의 왕족을 의미하는 시편 23은 고대 문화에 관한 것이지만, 하나님의 필요성이 여전하여, 현재의 인간도 다윗처럼 같은 경험을 할 수 있다.

전능하신 하나님 (시편 139)

시편 139는 모든 시편에서 가장 풍부하고 신학적으로 심오한 것 중 하나이지만 신약에서 인용 혹은 암시되지 않는다. 시편 필자의

---

31 **11** I am the good shepherd. The good shepherd lays down his life for the sheep.

증오와 죽음의 소원은 개인과 하나님의 적들을 위한 것이다. 죄를 미워하지만, 죄인을 사랑하는 신학적 미묘함을 모르고, 자신을 미워하고 죽기 바란다.

1 여호와여 주께서 나를 감찰하시고 아셨나이다 **2** 주께서 나의 앉고 일어섬을 아시며 멀리서도 나의 생각을 통촉하시오며 **3** 나의 길과 눕는 것을 감찰하시며 나의 모든 행위를 익히 아시오니 **4** 여호와여 내 혀의 말을 알지 못하시는 것이 하나도 없으시니이다 **5** 주께서 나의 전후를 두르시며 내게 안수하셨나이다 **6** 이 지식이 내게 너무 기이하니 높아서 내가 능히 미치지 못하나이다 […] **17** 하나님이여 주의 생각이 내게 어찌 그리 보배로우신지요 그 수가 어찌 그리 많은지요 **18** 내가 세려고 할찌라도 그 수가 모래보다 많도소이다 내가 깰 때에도 오히려 주와 함께 있나이다 **19** 하나님이여 주께서 정녕히 악인을 죽이시리이다 피 흘리기를 즐기는 자들아 나를 떠날찌어다 […] **23** 하나님이여 나를 살피사 내 마음을 아시며 나를 시험하사 내 뜻을 아옵소서 **24** 내게 무슨 악한 행위가 있나 보시고 나를 영원한 길로 인도하소서 [32]

---

32 **1** You have searched me, LORD, and you know me. **2** You know when I sit and when I rise; you perceive my thoughts from afar. **3** You discern my going out and my lying down; you are familiar with all my ways. **4** Before a word is on my tongue you, LORD, know it completely. **5** You hem me in behind and before, and you lay your hand upon me. **6** Such knowledge is too wonderful for me, too lofty for me to attain. […] **17** How precious to me are your thoughts,

시편의 구조는 4개로 나눔이 자연스럽다. 하나님의 전능함에서 시편 필자의 청원으로 끝난다. 2~6절에서 하나님은 시편 필자의 모든 생각과 활동을 알고 있다. 인간 활동이 선별되고 측정, 분석, 판단된다. 하나님에 비밀은 없어 숨길 곳이 없다. 하나님을 피하려 해도 할 수 없다. 시편 필자는 모든 곳에서 하나님을 찾았는데, 그가 생각하고 말하거나 행한 모든 것을 하나님은 알았다. 하나님의 완전 지식을 그는 이해할 수 없다.

17절에서 시편 필자는 하나님의 생각이 어렵지만, 훌륭하다. 하나님 생각은 넓고 많아서 해변의 모래 알갱이만큼이다. 19절에서 어조가 바뀐다. 선한 하나님이 존재하는데 왜 세상에 악이 존재하는가? 하나님이 주권자라면 자신이 어디에서 왔든 악인을 제거할 수 있다. 마지막 23~24절은 무죄에 항의이다.

구약에서 윤리적 선택은 죽음과 파괴 혹은 생명과 빛으로 이어지는 두 반대 방향을 가진다. 신명기에서 이스라엘은 두 방법 중 옳은 길을 선택하여 충성을 언약한다. 시편 필자도 언약에 충성, 하나님과 올바른 관계를 맺은 자로 입증되게 요청한다. 그리고 적들을 하나님 처분에 맡긴다.

시편은 인간에게 많은 교훈과 설교를 제공한다. 하나님은 시편

God! How vast is the sum of them! **18** Were I to count them, they would outnumber the grains of sand— when I awake, I am still with you. **19** If only you, God, would slay the wicked! Away from me, you who are bloodthirsty! [...] **23** Search me, God, and know my heart; test me and know my anxious thoughts. **24** See if there is any offensive way in me, and lead me in the way everlasting.

필자에게 현실적이며, 피할 수 없는 상태에 하나님이 그의 수단이 되도록 가르친다. 전능한 하나님과의 긍정 관계는 인간에게 안전감을 주고, 그렇지 않으면 무력감이다.

"사자를 죽이는 삼손"(부분), 페테르 파울 루벤스, 1628

삼손

━

삼손("태양의 사람")은 구약 사사기(13-16)에서 언급된 군주제 이전의 이스라엘을 심판한 지도자 중 마지막이다. 때때로 수메르 엔키두와 그리스 헤라클레스로 구체화 된 근동 민족 영웅의 이스라엘 버전이다. 성서 기록에 따르면 삼손은 나실인으로 하나님은 적들에게 대항하는 그에게 초인적 위업을 수행할 힘을 줬다. 당나귀 턱뼈만으로 블레셋인들을 학살하거나, 그의 맨손으로 사자를 죽일 수 있음이다. 그러나 삼손의 긴 머리를 자르면 그의 나실인 맹세는 위반되어 힘을 잃게 된다.

삼손은 그의 애인 델릴라에게 배신당했다. 그녀는 그가 잠자는 동안 하인에게 그의 머리를 잘라 블레셋 적들에게 넘겨주었다. 그들은 삼손의 눈을 뽑았으며 가자의 방앗간에서 곡식을 맷돌로 갈도록 강요했다. 그곳에서 그의 머리카락은 다시 자라기 시작했다. 블레셋인들이 삼손을 그들의 다곤 신전으로 데려갔을 때 삼손은 지탱하는 기둥에 쉬도록 요청했다. 허락을 받은 후, 그는 하나님께 기도하여, 기적적으로 그의 힘을 회복하였다. 그곳을 파괴하며 자신과 거기 있던 모든 블레셋인은 죽임을 당했다. 일부 유대 전통에서 삼손은 소렉 계곡이 내려다보이는 이스라엘의 텔 조라에 묻힌 것으로 여겨진다.

사자와 싸우는 삼손(부분), 러시아, 1917년 이전, 익명

사자[33]

사자는 로마네스크 교회 장식에 가장 보편적으로 사용되는 동물이다. 그것은 조각과 벽화뿐 아니라, 마뉴스크립, 텍스타일과 금속 세공에서 발견된다. 성경, 동물 우화 및 소책자들을 바탕으로 중세 문화에 사자의 상징 의미를 조사하면, 다양한 특성이 보인다. 대부분 긍정적이며 심지어 그리스도와 동일화시키지만, 사자를 악의 상징으로 취급하는 출처도 있다.

겉으로 보기에 이 이중성격은 문맥을 떠나 사자의 이미지에 해석 논증으로 사용된다. 우선, 모든 해석은 사자의 자연스러운 특성으로, 힘, 용기, 위엄과 고상함이다. 동시 신화적 특성과 프랑스 사자를 위한 역할이 개발되었다. 문서와 로마네스크 예술에서 사자는 열두 가지 역할로 식별된다. 그중 아홉은 기독교 관점에서 긍정적이며, 두 개는 모호, 오직 마귀 사자가 부정적이다.

상징적 사자의 근원은 구약과 동지중해 고대 문명으로 거슬러 올라간다. 고대 모티프 사자는 동양 예술에서 빌린 순수 형태로 기독교

---

33 여기 실린 기사는 저자가 쓴 『중세 승원 회랑 조각에 나타난 동물 우화 마뉴스크립의 종교적 상징』(2019, 이담북스)에서 발췌한 것이다.

문화에 도입되어 회화적 관례로 사용되었다. 프랑스 예술사가 에밀 몰은 주장하기를, 로마네스크 건축 조각의 사자는 동양에서 장식용으로 빌린 것이다. "우리 조각가는 항상 가르침과 관련이 없다. 그들은 대부분 장식에만 사용하였다."

베즐레의 생트 마리 마들렌 성당 본당에 나타난 사자 유형

삼손과 사자

사자를 죽이는 다윗

사자 굴 속의 다니엘   두 사자와 새: 신과 인간 예수 그리스도

중세 유럽에서 알려진 동양 사사니언 직물 예술에서 많은 동물 모티프 중 사자가 유명하다. 나무 옆에 한 쌍의 사자는 생의 나무 또는

진리의 나무로, 성경의 나무가 아니라 칼데아(Chaldea) 문화의 고대 신화이다. 이 모티프들은 텅 빈 형태로 유럽에 옮겨졌고, 중세 십자군 이후 특히 수입된 환상적 직물을 본 예술가들에게 채택되었다. 그러나 모티프들과 함께 그들 의미가 여행했는지의 여부를 고려하지 않았다.

생과 진리의 나무 신화의 연속성이 가까운 예로, 문제는 이들 의미와 장식 간에 이분법(dichotomy)이 적절한지이다. 장식은 의도이었지만 모티프가 동시 의미를 가짐을 배제하지 않는 점이다.

사사기 (14:5~18) 삼손과 사자

5 삼손이 그 부모와 함께 딤나에 내려가서 딤나의 포도원에 이른즉 어린 사자가 그를 맞아 소리 지르는지라 **6** 삼손이 여호와의 신에게 크게 감동되어 손에 아무 것도 없어도 그 사자를 염소 새끼를 찢음 같이 찢었으나 그는 그 행한 일을 부모에게도 고하지 아니하였고 […] **14** 삼손이 그들에게 이르되 먹는 자에게서 먹는 것이 나오고 강한 자에게서 단 것이 나왔느니라 그들이 삼일이 되도록 수수께끼를 풀지 못하였더라 […] **18** 제 칠일 해 지기 전에 성읍 사람들이 삼손에게 이르되 무엇이 꿀보다 달겠으며 무엇이 사자보다 강하겠느냐 한지라 삼손이 그들에게 대답하되 너희가 내 암송아지로 밭갈지 아니하였더면 나의 수수께끼를 능히 풀지 못하였으리라 하니라[34]

---

34 **5** Samson went down to Timnah together with his father and mother. As they approached

몬레알레 N21: 삼손

구약의 영웅 삼손의 이야기로써 사자와 삼손의 전투로 시작된다. 미래의 아내가 될 동료들에게 삼손이 알리는 수수께끼 일부도 묘사된다. 서쪽 기둥머리에 두 사건이 결합, 왼쪽에는 삼손이 "먹는 자에게서 먹는 것이 나오고 강한 자에게서 단 것이 나왔느니라"로 수수께끼를 거는 결혼식이다. 그의 대답은 아내에게서 빼앗긴다.

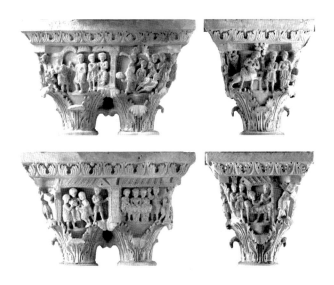

the vineyards of Timnah, suddenly a young lion came roaring toward him. **6** The Spirit of the LORD came powerfully upon him so that he tore the lion apart with his bare hands as he might have torn a young goat. But he told neither his father nor his mother what he had done. [...] **14** He replied, "Out of the eater, something to eat; out of the strong, something sweet." For three days they could not give the answer. [...] **18** Before sunset on the seventh day the men of the town said to him, "What is sweeter than honey? What is stronger than a lion?" Samson said to them, "If you had not plowed with my heifer, you would not have solved my riddle."

오른쪽에 삼손은 블레셋인들을 학살한다. 나중에 나귀 뼈 사용을 반복할 사건이다. 한 저녁에 삼손이 매춘부를 방문하는 동안 사람들은 마을 문 앞에서 무적의 삼손을 매복할 계획이었다. 그러나 삼손은 밤사이에 문 경첩을 들어 올려 사라진다. 마침내, 델릴라의 교활함은 삼손을 정복한다. 그녀에게 그의 힘의 비밀, 즉 깎지 않은 머리를 자백하여, 그는 체포되며 맹인이 된다. 오른쪽에 삼손이 다시 한번 자신의 힘을 부여받고, 블레셋인들의 집을 무너뜨리고 그들과 함께 자신도 죽는다. 라틴어로 삼손 이름이 기둥머리에 여러 번 새겨져 있다.

산 페드로 데 라 루아, 에스테야 N5: 전투

기둥머리는 상징적으로 악에 대한 미덕의 승리를 기록한다. 동쪽 기둥머리에 검 혹은 방패로 무장한 두 명의 군인이 악마를 상징하는

사자들과 싸운다. 남쪽 기둥머리에 두 모습이 대칭적으로 마주 보며 아래에 위치한 사자 턱에 찢어진다. 어린아이를 찢는 것처럼 사자를 찢는 삼손을 연상한다. 서쪽 기둥머리에 두 쌍의 인물이 싸운다. 왼쪽에 두 농민이고 오른쪽에 두 씨름하는 사람이다. 스페인 로마네스크 조각에 이러한 전투 장면은 불화를 나타내는 은유이다. 북쪽 기둥머리는 해독하기 힘들다, 알렉산더 대왕의 하늘 승천을 나타내는 구성으로, 한 인물과 두 마리 사자가 보인다. 의인화된 악의 자부심과 오만은 종종 동물 그리폰과 날개 달린 존재로 표현된다.

상 피에르, 모아삭 E1: 삼손과 사자

삼손에 관한 이야기이다 (사사기 14:5~18). 삼손의 이름이 라틴어로 기둥머리 중간의 콘솔 블록에 새겨져 있으며, 흐르는 머리카락을 가진 삼손은 딤나 포도원에 있는 사자에 타고 있다. 성경은 선지자가 아이를 찢는 것처럼 사자 찢기를 묘사하나. 기둥머리 조각의 손상으로 삼손이 동물 턱을 열고 비트는 것을 볼 수 없다. 이 특별한 몸짓은 삼손이 죽은 사자 입에서 꿀을 발견하고 수수께끼를 해결하는 이야기와 연관된다. 수수께끼는 불균형하게 큰 발톱에 거대한 발의 사자로 분장한 악마에 대한 승리로, 승원 회랑에 나타나는 여러 악마의 표현에 연상이다. 달콤함은 승리의 예수 그리스도로 구원의 길을 준비한다.

삼손은 자신의 백성과 미래 교회의 삶을 달콤하게 하려 자신을 희생하는 예수의 형상이다. 동쪽 기둥머리에 장면을 가리키는 천사는 하나님 이름으로 전투를 진행한다. 서쪽 기둥머리에 삼손이 나귀 턱뼈보다 더 많은 곤봉과 비슷한 물건을 흔들고 있다. 그의 옷과 자세는 고대 인물과 유사, 성 어거스틴에 의하면, 이교도 헤라클레스는 성경의 삼손에 유래를 둔다. 그는 화살과 곤봉으로 네메아 사자를 죽이려 했지만, 맨손의 무자비한 힘으로 짐승을 물리쳤다. 성경 해석자들은 승원 회랑에 재현된 다윗과 골리앗(N20)처럼 고대 신화를 빌린다.

삼손과 사자

갈포트 레야스

갈포트 오메니카

레온 두라턴

레온 리오세코

상 마르티 사로카

레온 이데스

시편을 구성하는 다윗(부분), Paris Psalter, 10세기

다윗

—

사울 왕보다 더 카리스마를 지닌 다윗은 재판에 대한 의심과 군주제에 대한 저항을 극복하고 이스라엘 전체를 강력한 동맹으로 만듦이 쉬운 것을 알게 되었다. 신명기 역사가들은 다윗을 이스라엘의 위대한 국가 영웅으로 회상했다. 사랑받는 노래 시편 중 여러 이야기 작가이다.

다윗의 삶은 상당한 예술성과 문학 기술로 이룬다. 요나단에 대한 사울과의 우정과 블레셋의 거인 골리앗에 승리 이야기는 구약의 원래 설정과는 부분적으로 문학사에서 자신의 위치를 확보했다. 다윗에 관한 자료는 사무엘상, 하의 최종 편집자들에게 그의 중요성을 강조, 거의 70%가 다윗이고 솔로몬은 20%, 사울은 훨씬 적다.

실제, 많은 목자가 왕이 되지 않으며, 다윗은 사울의 왕정에서 유명한 위치에 오르기 위해 특별한 재능을 가져야 했다. 사울에게 깊이 인상 준 그의 카리스마는 역시 사람들의 상상력을 사로잡았고, 오래지 않아 거리에서 다윗의 찬양이 시작되었다. 사울은 다윗의 인기에 강한 질투심으로 다윗을 왕정에서 해고하고 천군 병사들을 대신하여 그의 군대를 지휘하게 하였다.

다윗은 쉽게 소외될 수 없었다. 이스라엘과 유다의 모든 사람이 다윗을 좋아했으며 그는 성공적인 리더였다. 더하여, 다윗과 사랑에 빠지고 결혼한 사울의 딸 미칼도 포함한다. 사울은 더 편집병자가 되어 고의로 다윗을 죽이려고 하자, 다윗은 안전한 남쪽 지역으로 피난 갔다. 그곳은 예루살렘을 포함한 요새화된 가나안 도시 국가들이 있다. 다윗은 블레셋인들과 동맹을 맺은 것 같은데, 아둘람에 관정을 조직하여 그 자신과 그의 군대를 지원하고 보호할 수 있었다. 이곳에서 결혼 동맹을 통해 다윗은 자신의 지위를 강화했으며, 가드왕 아기스와 밀접한 관계를 맺게 되었다. 아기스는 다윗이 그의 길보아 전투에 동행하기 원했다. 길보아에서 사울은 죽음을 만났지만, 다른 블레셋 지도자들의 조언에 그를 살려 두었다.

다윗에 관한 중요한 이야기 중 하나는 밧세바와의 간음과 그녀의 남편 우리아의 살인 사건이다. 그런 행동은 당시 왕정에서는 드문 일이 아니었지만, 예언자 나단이 다윗의 행동에 대담한 비난과 그 후 다윗의 마음에 진지함이다. 성경에 다윗의 개인적 이야기의 포함은 모든 왕에게 가장 위대한 다윗조차도 하나님과 맺은 계약에 책임짐을 상기하려는 신명기 역사가들의 의도이다.

그런데도 다윗의 개인적 타락은 그의 입장을 위협하지 않았다. 선지자 나단이 전한 신탁이 강조한 것처럼, 하나님은 다윗 가족과 별히 친밀한 관계를 맺고 그의 후손들이 영원토록 성공할 것을 선언하였다. 다윗 자신도 하나님의 아들로서 특권을 누릴 수 있었다. 왕들은 이런 용어로 정기적으로 자신을 묘사했으며, 때로는 군주의 특권 고유성을 강조하는 데 사용, 은유적 언어로써 신성에 대한 주장을 암시했다. 다른 곳처럼 이스라엘에서도 일어난 일을 합법화하는 데 사용될 수 있었다.

다윗 이야기 편집자들은 왕실 가족에 대한 하나님 승인이 시나이 산에서 이루어진 하나님과 인간 사이의 언약에서 비롯된 가치를 지닌 도덕적 틀 안에서 운영됨을 분명히 한다. 나단의 신탁이 대표하는 왕적 이데올로기는 왕을 언약에 편입 시켜 특권을 부여하며, 왕은 언약의 도덕적 경계 안에 살아야 한다. 하나님의 아들은 모든 부모가 자기 자식에게 줄 수 있는 어떤 징계도 기대함이다.

다윗 왕조는 이러한 높은 열망에 부응하지 않았고, 사무엘이 예언한 대로 다른 나라 왕들처럼 하나님과 백성에 대한 계약 의무보다 더 자주 자신을 염려했다. 다윗과 그의 후손에 대한 이 약속은 이스라엘 역사의 후기 단계에서 중요하다. 좌절된 정치 야망이 다윗의 이상적인 후손 메시아에 대한 미래의 희망으로 옮겨졌기 때문이다.

다윗은 구약 성경에서 이스라엘과 유다 연합 군주국의 셋째 왕으로 묘사된다. 사무엘서에서 그는 먼저 음악가로서 명성을 얻은 젊은 목자이고 나중에 적 골리앗을 죽인 승리자이다. 사울 왕과 사울의 아들 요나단의 인기 있는 사람이 되었으나, 다윗이 그의 왕위를 차지하려고 염려하는 사울은 다윗을 제쳐두었다. 사울과 요나단이 전쟁에서 죽은 후에 왕으로 기름 부음을 받는다. 예루살렘을 정복하고 계약의 궤를 이곳으로 가져가 사울이 세운 왕국을 성립한다.

다윗은 왕으로서 밧세바와 간음하여 남편 히타이트 우리아의 죽음을 주선했다. 이 죄 때문에, 하나님은 다윗에게 성전을 지을 기회를 부인하고 그의 아들 압살롬은 그를 전복하려 한다. 압살롬의 반란하는 동안 예루살렘에서 도망쳤고, 아들의 죽음 후에 이스라엘을 통치하려 도시로 돌아왔다. 그의 평화로운 죽음 전에 아들 솔로몬을 후계자로 선택한다. 예언서에서 이상적인 왕이자 미래 메시아의 조상으로 영광을 받으며 많은 시편이 그에게 속한다.

다윗은 성경 이후 유대인의 서면 및 구전 전통에 풍부하게 대표되며 신약에도 논의된다. 초기 기독교인들은 메시아와 다윗에 대한 참고에 비추어 예수의 삶을 해석했다. 예수는 다윗의 후손이라고 묘사되어 있다. 다윗의 성서적 특성은 수 세기에 걸쳐 예술과 문학에서 많은 해석에 영감을 주었다.

사무엘상 (17:34~51) 다윗과 골리앗

34 다윗이 사울에게 고하되 주의 종이 아비의 양을 지킬 때에 사자나 곰이 와서 양떼에서 새끼를 움키면 **35** 내가 따라가서 그것을 치고 그 입에서 새끼를 건져내었고 그것이 일어나 나를 해하고자 하면 내가 그 수염을 잡고 그것을 쳐 죽였었나이다 **36** 주의 종이 사자와 곰도 쳤은즉 사시는 하나님의 군대를 모욕한 이 할례 없는 블레셋 사람이리이까 그가 그 짐승의 하나와 같이 되리이다 […] **48** 블레셋 사람이 일어나 다윗에게로 마주 가까이 올 때에 다윗이 블레셋 사람에게로 마주 그 항오를 향하여 빨리 달리며 **49** 손을 주머니에 넣어 돌을 취하여 물매로 던져 블레셋 사람의 이마를 치매 돌이 그 이마에 박히니 땅에 엎드러지니라 **50** 다윗이 이같이 물매와 돌로 블레셋 사람을 이기고 그를 쳐 죽였으나 자기 손에는 칼이 없었더라 **51** 다윗이 달려가서 블레셋 사람을 밟고 그의 칼을 그 집에서 빼어내어 그 칼로 그를 죽이고 그 머리를 베니 블레셋 사람들이 자기 용사의 죽음을 보고 도망하는지라[35]

---

35 **34** But David said to Saul, "Your servant has been keeping his father's sheep. When a lion or

골리앗과 이스라엘 군대와의 전쟁(부분), 마체오스키 성경, 13세기, 익명

상 피에르, 모아삭 W11: 다윗의 기름 부음

기둥머리는 사울 왕을 대신할 미래의 이스라엘 왕에게 기름을 바르기 위해 하나님이 예언자를 베들레헴으로 보내는 설명이다. 사무엘은 성문에서 그를 만나러 온 떨고 있는 장로들에 그의 방문의 구실로 희생 짐승의 어린 암소를 가지고 왔다. 그는 이 희생에 이새 (Jesse)와 그의 막내아들 다윗을 선택자로 초대한다. 북쪽과 동쪽 기둥머리들에는 네 사람이 걸고 있는데 이새의 아들들일 것이다. 두 사람은 손을 들고 셋째는 손가락으로 하늘을 가리킨다. 동쪽 기둥머리에 손에 꽃가지를 든 사람은 이새다 (이사야 11:1)[36]. 남쪽 기둥머리에서 사무엘은 다윗의 대관식을 위해 성스러운 기름이 담긴 큰 뿔을 쥐고 있다. 뿔을 기둥머리 중심에 배치해 기름 부음 장면을 강조한다. 하나님이 택한 새 이스라엘 왕 다윗은 사무엘 앞에 무릎 꿇는다.

---

a bear came and carried off a sheep from the flock, **35** I went after it, struck it and rescued the sheep from its mouth. When it turned on me, I seized it by its hair, struck it and killed it. **36** Your servant has killed both the lion and the bear; this uncircumcised Philistine will be like one of them, because he has defied the armies of the living God. [...] **48** As the Philistine moved closer to attack him, David ran quickly toward the battle line to meet him. **49** Reaching into his bag and taking out a stone, he slung it and struck the Philistine on the forehead. The stone sank into his forehead, and he fell facedown on the ground. **50** So David triumphed over the Philistine with a sling and a stone; without a sword in his hand he struck down the Philistine and killed him. **51** David ran and stood over him. He took hold of the Philistine's sword and drew it from the sheath. After he killed him, he cut off his head with the sword. When the Philistines saw that their hero was dead, they turned and ran.

36 **1** 이새의 줄기에서 한 싹이 나며 그 뿌리에서 한 가지가 나서 결실할 것이요 **1** A shoot will come up from the stump of Jesse; from his roots a Branch will bear fruit.

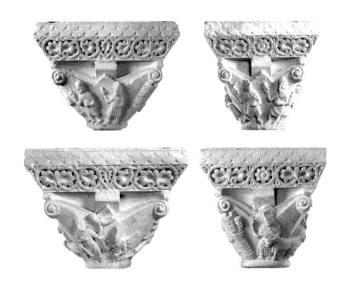

리용의 이레나우스는 기독교 통합에 관해 누가복음을 인용했다. 다윗의 집에 있는 구원의 뿔은 영적으로 그의 직계 후손인 예수이다.

상 피에르, 모아삭 W20: 다윗과 골리앗

동쪽 기둥머리에서 다윗은 사울 왕 앞에서 골리앗과의 전투를 설득시킨다 (사무엘상 17:34~51). 마침내 사울은 그에게 청동 투구와 갑옷 위에 깃들인 칼을 주었으나, 다윗은 골리앗과 전쟁 전에 그들을 벗어버렸다. 설득은 활기찬 몸짓으로 표현된다. 사울은 다윗의 머리와 그의 칼이 매달려있는 띠를 가리킨다. 다윗은 자신의 헬멧을 가리키며 칼을 잡는다. 북쪽 기둥머리에서 천사는 그를 보호하려 칼을 가진 다윗 뒤에 날개를 펼친다. 다윗은 그 반대편에서 있지만, 이제는 칼 없이 유연한 끈 슬링으로 무장했다. 칼은 벨트 거들에 걸렸고, 천사의 날개 같은 큰 방패는 거인 골리앗에게 돌린다. 이 유사점은 물질과 영적 보호 사이의 제안된 차이를 강화한다. 일부 기독교 저자들은 이것을 에베소서(6:14~17)[37]와 비교하였다. 다윗은 예수 그리스도의 형상으로, 물질적인 무기 없이도 하나님 말씀을 유일한 보호로 악한 자와 싸운다.

생트 마리 마들렌, 베즐레 50: 다윗과 골리앗

기둥머리는 사무엘상의 이야기를 재현한다. 왼쪽에서 다윗은 골리앗에 돌을 던지려 슬링을 올린다. 정면에 그는 골리앗의 머리를 자른다. 왼쪽에서 작은 다윗은 왼발로 골리앗을 뒤로 밀면서

---

37 **14** 그런즉 서서 진리로 너희 허리 띠를 띠고 의의 흉배를 붙이고 **15** 평안의 복음의 예비한 것으로 신을 신고 **16** 모든 것 위에 믿음의 방패를 가지고 이로써 능히 악한 자의 모든 화전을 소멸하고 **17** 구원의 투구와 성령의 검 곧 하나님의 말씀을 가지라 **14** Stand firm then, with the belt of truth buckled around your waist, with the breastplate of righteousness in place, **15** and with your feet fitted with the readiness that comes from the gospel of peace. **16** In addition to all this, take up the shield of faith, with which you can extinguish all the flaming arrows of the evil one. **17** Take the helmet of salvation and the sword of the Spirit, which is the word of God.

잎 같은 물체 앞에 서 있다. 짧은 튜닉을 입고 수염이 없는 그는 두 팔을 사용하여 칼을 잡아 골리앗 머리를 자른다. 오른쪽에 거인 골리앗은 뒤로 떨어진다. 그는 턱수염과 긴 콧수염에 작은 금속 고리 갑옷과 원뿔형 헬멧을 착용하였다. 다윗이 던져 죽인 돌이 그의 이마에 놓여있다. 다윗은 그의 벨트에서 골리앗 칼을 사용하여 그의 머리를 움켜쥐었다. 오른쪽에 그는 골리앗 머리를 운반한다.

"사자 옆의 다니엘"(부분), 렘브레헷츠하겐 교회, 1759

다니엘

―

"다니엘"의 의미는 "하나님은 나의 심판자"로 성서 다니엘서의 영웅이다. 예루살렘의 고귀한 유대인 청년으로 기원전 605년 예루살렘 공격에서 느부갓네살에 의해 바빌론에 유배되었다. 기원전 539년 페르시아 정복자 사이러스 승리 후까지 충성과 능력으로 왕과 그 후계자를 봉사했다. 또한 친구들과 함께 왕정에서 교육받는 특권을 가졌다. 그러나, 그들은 구약이 금지한 음식을 먹을 것으로 예상했고, 느부갓네살이 세운 거대한 조각상도 숭배해야 했다. 그들은 이 두 가지를 하지 않고, 유대인 전통에 충실했다. 다니엘의 친구들은 용광로에 던져졌으나, 그들이 기적적으로 구원받았을 때, 느부갓네살조차도 그들 하나님의 탁월한 능력을 인정해야 했다. 나중, 다니엘은 사이러스 왕의 통치 기간에 비슷한 상황에 부닥쳤고 자신의 하나님을 숭배함에 사자 굴에 던져졌다. 다시 그는 구원받아 사이러스도 이스라엘 하나님의 우월성을 받아들였다.

다니엘 이야기는 그리스어 버전에 포함되나 히브리어 텍스트에는 세 추가 내용이 있다. 아자리아의 기도(세 유대인 노래)는 용광로에서 다니엘의 세 친구의 경험에 대한 시적 축하이다. 다른 이야기는 벨과 용의 이야기로, 다니엘이 사이러스 통치 기간에 벨이라는 우상의 제사장들을 기만하고, 또 성스러운 뱀을 파괴시킴을 보여준다. 사자 굴로 그가 다시 던져지는 행동이다. 다니엘은 자신을 안전하기 위해 하나님이 파견한 선지자 하박국에 의해 음식이 충당되었고, 어떤 죽음도 피하고 사이러스가 이스라엘 하나님의 우월을 받아들이도록 강요받는다. 셋째 이야기는 그리스어 본문 끝부분에 나오는데, 특별한 지혜와 영적인 통찰력을 가진 어린아이 다니엘을 소개한다.

이 책 외에 다니엘에 대해서는 알려진 것이 없다. 그의 공훈들이 우가리트 텍스트로 에스겔에 언급된 다니엘과 동일한 고대 전설 인물일지 모른다. 바빌론 유배와 페르시아 제국 시대뿐만 아니라 헬레니즘 시대까지 유대 생활에서 전형적인 경험의 도덕적 표현으로 의도되었다. 이스라엘 조상에 대한 신실함이 구원으로 이어지며 유대인들이 다른 사람들을 위해 계획했던 운명을 겪으면서 그 반대자들을 향하게 될 것이다.

다니엘서 두 부분은 네 제국의 비전으로 연결된다. 한 이야기에서 느부갓네살은 자신이 이해할 수 없는 꿈을 꾸었고 고대 동양의 통치자들에게 꿈 해석의 조언을 지시했다. 다니엘은 그들의 꿈 해석 실패를 성공시켰다. 꿈은 네 제국으로, 금, 은, 청동, 철의 네 금속으로 만들어진 동상으로 대표한다. 느부갓네살 자신의 제국은 첫째(금), 나머지는 차례로 제국이 된다. 네 제국은 모든 인류에 끔찍하다. 모든 초기 제국을 미워하고 분할 제국이 된다. 제국 일부는 강하고 일부는 약할 것이다.

책 후반부에 나오는 첫 비전은 이것과 비슷하다. 이번에는 네 제국이 사자, 곰, 표범, 염소를 모델로 한 네 동물로 묘사되었다. 다시,

넷째는 다른 것보다 더 끔찍하다. 희생자를 쳐부수기 위해 철 이빨을 가지며 대단한 공포를 일으키는 뿔도 여러 개 있다. 이 왕국들이 누구인가의 정확한 정체성은 구약 성경 통역에서 열렬히 논쟁의 여지를 가진다. 현대 학자들은 다니엘이 존재하지 않았으며 이 책은 기원전 2세기 그리스 왕 안티오쿠스 4세 에피파네스의 통치에 대한 암시로 합의한다.

여섯 도시가 다니엘 무덤 소장을 주장하나, 남부 수사의 슈쉬 다니알이 가장 알려져 있다. 다니엘은 유대교의 선지자가 아니었지만, 랍비들은 그를 바빌론의 유대인 공동체에서 가장 숭배한다. 선한 행동으로 뛰어났으며, 그의 멸망을 추구한 적들에게 둘러싸여 있음에도 율법을 잘 지켰다. 처음 몇 세기 동안 다니엘의 이름 주위에 생긴 많은 전설을 기록했으며, 기독교의 여러 종교 지부는 그를 선지자로 인정한다.

다니엘 (6:20~26) 사자 굴의 다니엘

20 다니엘의 든 굴에 가까이 이르러는 슬피 소리질러 다니엘에게 물어 가로되 사시는 하나님의 종 다니엘아 너의 항상 섬기는 네 하나님이 사자에게서 너를 구원하시기에 능하셨느냐 **21** 다니엘이 왕에게 고하되 왕이여 원컨대 왕은 만세수를 하옵소서 **22** 나의 하나님이 이미 그 천사를 보내어 사자들의 입을 봉하셨으므로 사자들이 나를 상해치 아니하였사오니 이는 나의 무죄함이 그 앞에 명백함이오며 또 왕이여 나는 왕의 앞에도 해를 끼치지 아니하였나이다 **23** 왕이 심히 기뻐서 명하여 다니엘을 굴에서 올리라 하매 그들이

다니엘을 굴에서 올린즉 그 몸이 조금도 상하지 아니하였으니 이는 그가 자기 하나님을 의뢰함이었더라 **24** 왕이 명을 내려 다니엘을 참소한 사람들을 끌어오게 하고 그들을 그 처자들과 함께 사자굴에 던져 넣게 하였더니 그들이 굴 밑에 닿기 전에 사자가 곧 그들을 움켜서 그 뼈까지도 부숴뜨렸더라 **25** 이에 다리오왕이 온 땅에 있는 모든 백성과 나라들과 각 방언하는 자들에게 조서를 내려 가로되 원컨대 많은 평강이 너희에게 있을찌어다 **26** 내가 이제 조서를 내리노라 내 나라 관할 아래 있는 사람들은 다 다니엘의 하나님 앞에서 떨며 두려워할찌니 그는 사시는 하나님이시요 영원히 변치 않으실 자시며 그 나라는 망하지 아니할 것이요 그 권세는 무궁할 것이며 [38]

---

38 **20** When he came near the den, he called to Daniel in an anguished voice, "Daniel, servant of the living God, has your God, whom you serve continually, been able to rescue you from the lions?" **21** Daniel answered, "May the king live forever! **22** My God sent his angel, and he shut the mouths of the lions. They have not hurt me, because I was found innocent in his sight. Nor have I ever done any wrong before you, Your Majesty." **23** The king was overjoyed and gave orders to lift Daniel out of the den. And when Daniel was lifted from the den, no wound was found on him, because he had trusted in his God. **24** At the king's command, the men who had falsely accused Daniel were brought in and thrown into the lions' den, along with their wives and children. And before they reached the floor of the den, the lions overpowered them and crushed all their bones. **25** Then King Darius wrote to all the nations and peoples of every language in all the earth: "May you prosper greatly! **26** "I issue a decree that in every part of my kingdom people must fear and reverence the God of Daniel. "For he is the living God and he endures forever; his kingdom will not be destroyed, his dominion will never end.

산타 마리아, 튜델라 S12: 사자 굴의 다니엘

기둥머리 중앙은 부분적으로 잎이 덮였고 다니엘이 두 마리의 사자 사이에 앉아 있다. 수염을 가지며 신발과 긴 튜닉을 입고 오른쪽 무릎이 노출되었다. 그는 두 사자 머리에 느슨하게 감긴 강한 사슬 끝을 잡고 있다. 동물들은 선지자 다니엘보다 불균형적으로 크다. 조각의 세부 사항이 보존되지 않지만, 그들은 다니엘 무릎에 발을 얹는 것 같다. 두 마리 사자 새끼가 각각의 동물 아래서 우유를 빨아들인다. 이 장면은 구약이 아니고 히포의 어거스틴 주석(354~430)에서 발췌한 것이다. 그는 시편 22의 사자들을 인간의 잘못과 실수로 영양을 공급받는 악령으로 해석한다. 승원 회랑에서 이 기둥머리 위치는 사자가 동물의 군주로서 릴리프의 중심인물을 식별하는 일부 해석과 모순된다. 남쪽 기둥머리에는 기독교 사명의 이상과 독신의 미덕을 나타내는 이미지들이다. 성 어거스틴에 의하면, 다니엘은 격리와 명상으로 하나님에 집중한 삶의 이상을 구체화했다. 이 이미지는 정전(canon)의 모범이다.

상 피에르, 모아삭 N10: 사자 굴의 다니엘

사자 굴의 다니엘과 예언자 하박국 이야기는 회랑에서 이것과 기둥머리(W51)의 주제이다. 동쪽 기둥머리에서 다니엘은 중앙에 자리 잡고 손을 펼치고 기도하는 인상적인 자세를 취한다. 페르시아 사이러스 왕에 의해 처벌로 사자 굴에 던져, 그곳에서 다니엘은 일곱 마리 사자에 삼키지 않고 함께 엿새 동안 머물렀다. 첫 두 마리 사자는 다니엘을 공격하기가 꺼리는 것처럼 머리를 그에게서 멀리한다. 북쪽과 남쪽 기둥머리들에서 나머지 그룹은 앞으로 밀린다. 서쪽 기둥머리에 예언자 하박국이 보인다. 하나님이 보낸 천사로 유대아에서 바빌론으로 옮겨 다니엘에게 먹을 것을 갖다주었다. 천사가 왼쪽에 서 있고 오른쪽에 도시가 높은 탑으로 재현된다. 남서쪽

모서리에 왕권 지팡이와 짧은 튜닉으로 다니엘과 사자들을 향해 움직이는 인물은 다니엘을 사자 굴로 가게 한 사이러스 왕일 것이다. 다니엘이 살아남은 기적을 눈으로 보고, 하나님의 위대함을 인정한다.

프랑스-스페인 로마네스크 양식 건축 조각에 다니엘의 재현

로아르   보도   샤르리우

소르드   아주에로

예르모   포아티에

CHAPTER

5

신약:
예수 그리스도의 복음

가르침
—

세례 요한을 만나 세례를 받은 후 예수는 생의 대부분을 종교 교사로 보냈다. 유대인 종교 교사들이 제자들과 함께 이곳저곳을 돌아다니며 순회 생활을 채택함은 일반 관행으로 예수도 마찬가지이다. 그는 제자들을 가져 "랍비" 혹은 "교사" 용어가 정기적으로 그에게 적용되었다. 다른 교사들처럼 예수는 안식일마다 신자들이 예배를 위해 모이는 유대교 회당에서 설교했다. 그러나 회당은 그의 주요 작업 영역이 아니다. 예수는 사람들이 그를 찾아오기를 기대하지 않고, 사람들이 있는 곳이면 어디든 갔다. 첫 제자들을 낚싯배에서 불러내었고, 많은 사람이 그를 만나기 위해 모인 시골에서 정기적으로 가르쳤다.

예수의 평판은 그의 청중들이 그가 평범한 랍비가 아님을 인식했을 때 널리 퍼졌다. 예수는 다른 사람들에게서 들은 것을 전하는 어떤 교사의 제자가 아니고, 하나님과 인간관계에 독특하고 혁신적인 것들을 말하고 있었다. 매혹적인 메시지를 가지며, 자신의 결정을 피하는 것이 불가능한 방식으로 이것을 전했다. 네 복음 모두가 그에 대한 양극 견해를 기록한다. 대다수는 예수가 권위를 가지고 가르쳤음을 인정하면서도, 여러 전통적 종교인과 정치 지도자는 예수를 사기꾼과 속임수로 기각했다.

하나님 나라

마태, 마가, 누가 복음들에서 예수의 가르침 주제는 "하나님 나라"이다. 요한복음은 "영원한 삶"으로 대신 표현하는데, 이것은 예수의 가르침 핵심을 표현하는 복음이 독자들에게 더 큰 호소력을 줄 방법이다.

1세기 "왕국"이란 개념은 예수의 동시대인들이 사는 갈릴리에서 익숙하다. 이곳은 여러 세대에 걸쳐 유대인의 종교 열망의 중심이었지만 예수 시대에는 로마가 지배하고 있었다. 문제는 구약 성경의 가르침을 수용한 사람들에게 종교와 정치적 질문이다. 어떻게 이스라엘이 선조들에게 약속된 국제적 명성으로 회복될 수 있는가? 평화의 누림을 미워하는 로마인들을 그들 땅에서 쫓아낼 신성한 자는, 선지자들이 암시한 대로 누구인가?

예수는 이것을 잘못 질문이라고 지적했다. 예로부터 제국들이 평화를 위해 전쟁에 도전했다. 그리스와 로마 정복이 세상에 평화를 준 것 같으나, 그것은 가짜 평화이다. 한쪽이 취득하고 다른 한쪽은 잃는 제한된 공급을 바꾸는 권력은 잘못 믿음에 근거한다. 예수에게 진정한 정의의 원천은 하나님으로서, 자신의 행동뿐 아니라 전 세계를 변화시키려 준비한 사람들에게 평화의 선물이 제공되었다. 유대인과 로마인의 기초를 부정했다. 군대를 통해 설립된 유다 왕국은 로마 왕국보다 더 안정적이거나 만족스럽지 않다. 단지 한 형태의 억압 통제를 다른 형태로 바꾼 것이다.

세례와 사탄의 유혹을 받은 후, 선지자로 나타난 예수가 "하나님 나라가 임했다"(마가복음 1.15)를 말함은 처음이 아니다. 그러나 유대인들에게 "왕국"은 한 가지를 의미한다. 이미 존재하는 로마 제국을 무너뜨릴 수 있는 하나님의 영감을 받은 군사력이 임박한 점이다. 더욱이 유대 민족이 오래 기다려온 메시아로 다가올 왕국에 두드러진 역할을 기대했다.

단어 "왕권"은 유대인 의식에 뿌리 박혀, 이스라엘 역사 시작부터 하나님은 유대인들의 친족으로 묘사했다. 하나님의 창조로 온 세계가 그에게 속했고 이스라엘도 마찬가지이다. 심지어 하나님은 그들 조상을 이집트 노예 제도에서 구해 새 땅으로 인도했다. 국가 지도자들이 "왕"으로 묘사한 일반 문화 환경에서, 그런 식으로 하나님을 생각함은 당연하다. 그러나 시작부터 이 개념과 정치적 현실에는 긴장이 일어났다. 고대 이스라엘이 처음으로 인간 사울을 왕으로 임명했을 때, 일부는 나라의 수호자, 지지자로서 하나님 지위를 훼손한다는 근거로 이 임명을 반대했다.

그 후, 다윗은 예루살렘에서 왕이 되면서 두 생각이 통합되었다. 다윗과 그의 후계자들은 하나님이 선택, 이스라엘의 정당한 통치자로 인정받았다. 그들의 임무는 왕국이 하나님 법의 표준을 반영할 수 있도록 하나님 뜻을 행함이다. 불행히도, 역사는 그렇게 단순하지 않았다. 왕들은 자신의 힘을 행사하고, 하나님에 의해 임명된 종교적 가상은 정치적 편의의 압력으로 사라졌다. 더 나은 것에 대한 희망은 미래에 대한 열망으로 바뀌며, 하나님은 그릇된 일을 바로잡고 정의의 왕국을 세울 것이다. 선지자 스가랴(14.9)는 그날을 간절히 바라본 자로, 메시아가 나타날 기대가 널리 퍼져있었다.

그러면, 예수는 "하나님 나라"에 무엇을 이야기했는가? 그의 청중들은 예수의 새 국가 설립 발표를 생각, 이 용어를 문맥상 이해하기 때문이다. 그러나 그것은 예수의 가르침과 상반되며, 예수는 그 구절을 말과 행동으로 사용하였다. 물론, 로마인들을 그들 땅에서 몰아내려는 열광자 종교 파와 거리를 두었지만, 예수의 신자들조차도 그의 가르침이 정치 조직 설립에 관한 추측을 막지 못했다.

히모의 어거스틴(354~430)은 예수가 말한 왕국이 교회의 조직 구조로 식별했으며, 서방 교회 지도자들은 자신의 영역을 확장할 정치적 명령으로 교회를 로마 제국의 합법적 후계자로 간주했다. "하나님 나라"를 "교회"의 또 다른 단어로 생각하는 신자들이 여전한 가운데, 더 많은 사람은 그것을 정치 선언으로 간주했다. 예수는 고대 제국 문화에서 의미적인 은유로 적용하며 이 용어를 재정의하였다. 폭력을 통해 평화를 이루는 로마 방식과 대조하며, 하나님 방식은 사랑, 정의, 관대함으로 하나님 자신의 성격에서 유래한다고 선언했다.

즉, "하나님 나라"의 올바른 정의는 "하나님의 일하는 방법"으로 생각함이다. 예수는 일상생활과 관련시키며, 그의 제자들에게 정치, 경제 또는 다른 유형의 사회 현실에 영향 줄 수 있는 통찰력을 제공하였다. 그러나 이런 일상 관심사들은 "하나님 나라" 의미를 고갈시키지 않는다. 그 의미는 더 넓고 깊다. 사생활과 공적인 삶 전체에 적용되는 방식이다. 물질과 영적 실체를 다루어 여기에 헌신한 사람들에게 진정한 자유와 정의에 대한 이해와 그들 삶에 하나님의 임재로 새 경험을 가져다준다.

익명의 예술가가 그린 성모 영보(부분), c. 1420, 바셀로니아 카탈루냐 국립 박물관

예수의 탄생과 성장

—

어린 시절 예수의 삶에 관해 알려진 바는 거의 없다. 그의 집은 당시 평평한 지붕을 가진 한 칸 방으로 점토로 지어졌다. 아버지 요셉은 집에서 사업을 영위했으며, 복음서에 나오는 여러 진술은 예수도 같은 거래를 배웠다는 것을 제시한다. 예수 가족은 농기구와 가구를 만들고 더 큰 건물 프로젝트도 수행했을 것이다. 예수가 자랄때, 고대 세포리스 정착촌은 나사렛에서 가까운 거리의 헬레니즘 도시로 재건되고 있었으며, 이 프로젝트는 건설 산업에 종사하는 사람들의 기술이 필요했다.

세포리스 도시는 예수가 가르치는 사역을 시작하기 직전에 완성, 대규모 프로젝트가 완료됨에 따라 그와 그의 제자 중 일부가 정규적 일을 떠날 수 있고, 요셉이 이미 사망했을 수 있다. 그는 예수의 어린 시절에 사망한 것 같은데, 성인 예수의 후기 이야기에 등장하지 않는다. 예수 가족이 언급될 때마다 어머니 메리와 그의 형제자매이다. 요셉의 사망은, 가족의 장남 예수가 그의 고위 제자 중 한 사람에게 어머니를 돌보라고 요청했음에 짐작한다.

나사렛

나사렛 이야기는 예수가 단순한 가정환경에서 자람을 묘사한다. 예수는 다소 교육받을 기회가 있었고, 나사렛 회당에서 히브리어로 구약 성경을 읽는 적당한 인물로 여겨졌다. 모든 사람이 할 수 없는 일이다. 서기 2세기까지 예루살렘 외부 팔레스타인에는 조직적인 학교의 증거가 거의 없지만, 대부분 소년은 지역 회당에서 어느 정도 교육받았고, 또한 나사렛의 일상생활이 자유주의 교육을 제공하는 장소였을 것이다.

나사렛은 중요한 곳이 아니라 성경 나머지 부분이나 다른 현대 문학에서는 언급되지 않는다. 마을이 예수 당시에 존재했음은 물저장통 및 기타 유물이 증명한다. 인구는 약 200명 정도로 추정, 작은 마을이었다. 또한 마을 크기만으로도 대부분 공식 기록에서 언급되지 않았을 뿐 아니라 느슨한 갈릴리 주민들은 엄격한 종교인들에 의해 멸시당했다. 당시 두드러진 헬레니즘의 두 도시는 세포리스와 티베리아스/티베라 지역으로 유대인 거주자보다 비유대인이 더 많아 "이방인의 갈릴리"로 불렸다. 외부로부터 생활 양식을 쉽게 고립시킬 수 있는 남부 유다 왕국 지방과 대조적이었다. 따라서 예수는 내성적, 자기중심적이라고 비난받았다.

그러나 갈릴리는 동서양의 주요 교역로에 의해 교차하여 제국의 더 넓은 삶에서 격리되지 않았다. 여기서 예수는 비유대인들을 만났고 그와 그의 제자들은 그리스와 로마 사상 외에도 유대 민족의 종교 유산에 대해 잘 알고 있었을 것이다.

갈릴리의 문화적 혼합은 예수가 세 가지 언어에 친숙할 것임을 의미한다. 히브리어는 고대 유대 민족의 전통 언어였고 고대 성경의 언어였다. 그것은 여전히 예배에 사용되었으며 회당 교육을 받은 사람이라면 누구나 이해할 수 있으나, 일상 언어는 아니었다. 대신, 기원전 5~6세기에 페르시아 제국이 독자적 국제 언어로 판촉한 아람 언어이다. 이것은 팔레스타인 전역에 적용할 수 있게 히브리어와 비슷한 점이 많았는데, 예수가 가정과 친구들 사이에서 가장 빈번히 사용했던 언어이다. 갈릴리에 있는 비유대인의 비율이 높고 로마 통치의 중심으로 세포리스와 티베리아스가 지배적으로 존재함에 따라 그리스어는 대부분 주민에게 친숙할 가능성이 커, 예수도 그 언어에 익숙했을 것이다.

예수와 그의 가족

신약은 예수의 성장에 관해 추정할 수 있는 것 외에 30살이 되기 전 그의 삶에 알려주지 않는다. 가족 중 유일한 자식이 아니다. 마가복음은 그가 성인 교사로서 나사렛으로 어떻게 돌아온 것을 기록하고, 예수를 "목수, 메리의 아들"로 불렀다. 야고보, 요셉, 유다, 시몬과 이름이 알려지지 않은 자매 형제가 교회 초기에 예수를 따랐다. 예수의 생애 동안 야고보는 제자는 아니었으나, 예루살렘에서 교회 지도자로, 한편 어머니 메리는 유아 교회의 지도자 중 한 명으로 되었다.

복음에 포함된 예수의 어린 시절 이야기는 그의 가족이 조상 신앙에 높은 헌신을 보인다. 예루살렘 순례에서 예수는 부모와 헤어졌는데, 부모가 그를 발견했을 때, 그는 그곳에 있는 종교 전문가들과 믿음의 견해를 논의하면서 성전에 있었다. 예수 가족의 종교 단체에 관해 더 정확하게 이해할 수 있는 것은 없고, 일부 증거로 보았을 때 바리새인이었을 것이다. 야고보는 생의 후반에 보수 자로 알려 져, 2세기 저술가 헤게시푸스에 의하면, 그는 전통적인 유대인으로 기도에 많은 시간을 보내어 그의 무릎이 낙타 같았다. 예루살렘 교회 지도자로서 베드로와 같은 온건한 유대인 신자들을 포함한 다른 기독교인들이 그만두도록 강요한 후 오랫동안 도시에 머물렀다. 동정심을 가진 사람이기도 하다. 예수 친척 중 일부가 바리새인이 었다면, 예수의 자기 생각이 가족 집단에 적용되는 첫 경험으로 왜 자주 그들 바리새인을 비평했는지 이해가 된다.

신약에서 예수의 초기 생애에 관한 내용이 거의 없다는 사실은 후기 작가들이 예수의 어린 시절에 대한 기록을 만들도록 자극했다. 2세기부터, 메리 탄생의 복음, 목수 요셉의 역사, 도마의 어린 시절 복음과 같은 이국적인 제목과 함께 몇 이야기가 살아남는다. 복음 서에 포함된 대부분 이야기는 예수가 어린 시절에도 기적의 능력을 갖추어, 자신의 가족과 종교 단체에 당황스러움을 가져오려 이것을 사용했다. 이 기록 중 어느 것도 어린 시절 예수의 전통에 근거한다 고 가정할 이유는 없다. 그들은 예수의 기원에 호기심을 만족시키기 원했던 헌신적인 기독교 신자들에 의해 후대에 편찬되었다.

성모 영보

대천사 가브리엘이 축복받은 성모 메리/마리아에게 하나님의 성 육신을 나타내면서 그녀는 잉태하여 예수의 어머니 즉 유대인 메시아와 하나님의 아들이 될 것을 발표한 가톨릭과 동방 정교회의 축하 행사이다. 가브리엘은 메리에게 "여호와는 구원이다"라는 의미로 "예수"라고 이름짓기를 알렸다. 누가복음에 따르면, 성모 영보 대축일은 엘리자베스가 침례 요한을 임신한 지 6개월째에 일어났다. 많은 기독교인은 3월 25일 이 행사를 주시한다. 9개월 전인 예수의 성탄절 생일이다. 성모 영보 대축일은 기독교 예술뿐만 아니라 가톨릭교회의 마리아 예술, 특히 중세와 르네상스의 주요 주제이다.

동방 박사

세 명의 현자 또는 세 명의 왕으로 마태복음과 기독교 전통에서, 출생 후 예수를 방문하여 금, 유향, 몰약을 선물한 조로아스터 비유대인들이다. 그들은 성탄절 축하에 관한 전통적인 설명에 나타나는 규칙적 인물이며 기독교 전통의 중요 부분을 차지한다. 마태복음은 동방 박사를 언급, 네 정식 복음 중 유일하다. 마태는 그들이 "유대인의 왕"을 숭배하기 위해 "동쪽에서" 왔다고 보고했다. 복음은 동방 박사의 수를 언급하지 않지만, 대부분의 서구 기독교 교파들은 전통적으로 그들이 세 가지 선물을 가져왔다는 진술에 근거하여 그들이 세 명이라고 가정했다. 동방 기독교, 특히 시리아 교회에서 동방 박사는 종종 열두 명이다. 후기 기독교 저술에서 왕의 신분은 이사야(60:1~6)와 관련될 것이다. 금과 유향을 지닌 새벽의 빛으로 오는 왕이다. 시편(72:11)에서 왕들과 함께 동방 박사를 더 식별할 수 있다.

세 명의 마기(부분), 비잔틴 모자이크, c.565, 이탈리아 라벤나의 상트 아폴리나레 누오보 (18세기 재건)

누가복음 (1:26~38): 성모 영보

26 여섯째 달에 천사 가브리엘이 하나님의 보내심을 받들어 갈릴리 나사렛이란 동네에 가서 **27** 다윗의 자손 요셉이라 하는 사람과 정혼한 처녀에게 이르니 그 처녀의 이름은 마리아라 **28** 그에게 들어가 가로되 은혜를 받은 자여 평안할찌어다 주께서 너와 함께하시도다 하니 **29** 처녀가 그 말을 듣고 놀라 이런 인사가 어찌함인고 생각하매 **30** 천사가 일러 가로되 마리아여 무서워 말라 네가 하나님께 은혜를 얻었느니라 **31** 보라 네가 수태하여 아들을 낳으리니 그 이름을 예수라 하라 **32** 저가 큰 자가 되고 지극히 높으신 이의 아들이라 일컬을 것이요 주 하나님께서 그 조상 다윗의 위를 저에게 주시리니 **33** 영원히 야고보의 집에 왕노릇 하실 것이며 그 나라가 무궁하리라 **34** 마리아가 천사에게 말하되 나는 사내를 알지 못하니 어찌 이 일이 있으리이까 **35** 천사가 대답하여 가로되 성령이 네게 임하시고 지극히 높으신 이의 능력이 너를 덮으시리니 이러므로 나실바 거룩한 자는 하나님의 아들이라 일컬으리라 **36** 보라 네 친족 엘리사벳도 늙어서 아들을 배었느니라 본래 수태하지 못한다 하던 이가 이미 여섯 달이 되었나니 **37** 대저 하나님의 모든 말씀은 능치 못하심이 없느니라 **38** 마리아가 가로되 주의 계집 종이오니 말씀대로 내게 이루어지이다 하매 천사가 떠나가니라[39]

---

39 **26** In the sixth month of Elizabeth's pregnancy, God sent the angel Gabriel to Nazareth, a town in Galilee, **27** to a virgin pledged to be married to a man named Joseph, a descendant of David. The virgin's name was Mary. **28** The angel went to her and said, "Greetings, you who are highly favored! The Lord is with you." **29** Mary was greatly troubled at his words

마태복음 (2:1~9) 동방 박사의 찬사

1 헤롯왕 때에 예수께서 유대 베들레헴에서 나시매 동방으로부터 박사들이 예루살렘에 이르러 말하되 **2** 유대인의 왕으로 나신 이가 어디 계시뇨 우리가 동방에서 그의 별을 보고 그에게 경배하러 왔노라 하니 **3** 헤롯왕과 온 예루살렘이 듣고 소동한지라 **4** 왕이 모든 대제사장과 백성의 서기관들을 모아 그리스도가 어디서 나겠느뇨 물으니 **5** 가로되 유대 베들레헴이오니 이는 선지자로 이렇게 기록된바 **6** 또 유대 땅 베들레헴아 너는 유대 고을 중에 가장 작지 아니하도다 네게서 한 다스리는 자가 나와서 내 백성 이스라엘의 목자가 되리라 하였음이니이다 **7** 이에 헤롯이 가만히 박사들을 불러 별이 나타난 때를 자세히 묻고 **8** 베들레헴으로 보내며 이르되 가서 아기에 대하여 자세히 알아 보고 찾거든 내게 고하여 나도 가서 그에게 경배하게 하라 **9** 박사들이 왕의 말을 듣고 갈쎄 동방에서 보던 그 별이 문득 앞서 인도하여 가다가 아기 있는 곳 위에

---

and wondered what kind of greeting this might be. **30** But the angel said to her, "Do not be afraid, Mary; you have found favor with God. **31** You will conceive and give birth to a son, and you are to call him Jesus. **32** He will be great and will be called the Son of the Most High. The Lord God will give him the throne of his father David, **33** and he will reign over Jacob's descendants forever; his kingdom will never end." **34** "How will this be," Mary asked the angel, "since I am a virgin?" **35** The angel answered, "The Holy Spirit will come on you, and the power of the Most High will overshadow you. So the holy one to be born will be called the Son of God. **36** Even Elizabeth your relative is going to have a child in her old age, and she who was said to be unable to conceive is in her sixth month. **37** For no word from God will ever fail." **38** "I am the Lord's servant," Mary answered. "May your word to me be fulfilled." Then the angel left her.

머물러 섰는지라[40]

산 페드로 데 라 루아, 에스테야 N4: 성모 영보, 방문, 목자들에 성모 영보, 동방박사 찬사

남쪽 기둥머리에서 성모 영보는 오른손을 올리고 아베 마리아 (AVE MARIA) 단어가 적힌 책을 가진 대천사 가브리엘에 의한다 (누가 복음 1:26~38). 성모 메리는 삼각 페디먼트와 두 탑으로 둘러싸인 좁은 건물 앞에 서 있다. 동쪽 기둥머리의 왼쪽에 방문이 표시된다. 아치 아래 메리와 사촌 엘리자베스는 껴안는다. 방문은 아래쪽 아치 아래 침대에 누운 메리에 의해 오른쪽으로 향한다. 위에는 예수 아기를 씻는 두 조산사가 보인다 이 장면은 네 복음서에 언급되지

---

40 **1** After Jesus was born in Bethlehem in Judea, during the time of King Herod, Magi from the east came to Jerusalem **2** and asked, "Where is the one who has been born king of the Jews? We saw his star when it rose and have come to worship him." **3** When King Herod heard this he was disturbed, and all Jerusalem with him. **4** When he had called together all the people's chief priests and teachers of the law, he asked them where the Messiah was to be born. **5** "In Bethlehem in Judea," they replied, "for this is what the prophet has written: **6** "'But you, Bethlehem, in the land of Judah, are by no means least among the rulers of Judah; for out of you will come a ruler who will shepherd my people Israel.'" **7** Then Herod called the Magi secretly and found out from them the exact time the star had appeared. **8** He sent them to Bethlehem and said, "Go and search carefully for the child. As soon as you find him, report to me, so that I too may go and worship him." **9** After they had heard the king, they went on their way, and the star they had seen when it rose went ahead of them until it stopped over the place where the child was.

않지만, 야고보 복음에서 두 조산사를 젤로미와 살로메라 칭했다. 오른쪽 기둥머리 가장자리에서 요셉은 지팡이로 자신을 지탱한다. 북쪽 기둥머리에는 목자들에게 성모 영보이다. 천사가 하늘에서 내려와 나무 꼭대기에서 지팡이로 서 있는 씌우개를 쓴 목자를 가리킨다. 아래에 세 목자가 나타난다. 그들 중 두 명은 악기로 곡을 연주한다. 그들은 나무줄기에 묶인 한 쌍의 방목 동물과 염소를 동반한다. 서쪽 기둥머리에는 동방 박사의 찬사가 예수 탄생의 이야기를 완성한다. 세 동방 박사는 더 큰 아치 아래 서거나 무릎 꿇고, 메리와 아기 예수는 그들과 마주한다.

산타 마리아, 튜델라 N3: 목자들에 성모 영보, 헤롯과 서기관, 동방 박사의 찬사

세 장면은 기둥머리에 고르지 않게 나뉜다. 동방 박사의 찬사가 대부분이다. 메리는 건물을 나타내는 두 아치가 합쳐진 북서쪽 기둥머리 모서리에 있다. 그녀 무릎에 놓인 아기 예수는 축복의 몸짓으로 오른손을 든다. 기둥머리 서쪽, 메리의 뒤에 천사가 사슬에 매달린 향로를 휘두르고 있다. 아기의 머리카락 시작과 한 귀에 십자 후광을 발견한다. 세 명의 왕에게 길을 안내하는 베들레헴 별이 메리의 머리 위에 나타난다. 한 명이 메리와 아기 앞에 무릎 꿇고 뚜껑을 열린 용기를 제공한다. 북동쪽 기둥머리 모서리에 둘째 왕이 서 있다. 셋째 왕과 이야기하는 것처럼 계시의 빛을 알리려 별을 가리키며 뒤로 향한다. 그의 얼굴 조각은 파괴되었으나, 짧은 튜닉에 왼손으로

선물을 올린다. 세 좁은 종려나무가 이 인물들의 틀을 만들고 두 넓은 잎이 다른 장면의 배경으로 사용된다. 남동쪽 기둥머리 모서리에서 헤롯 대왕이 대제사장과 서기관들을 그의 면전으로 부른다. 한 서기관이 그의 앞에서 펴려는 두루마기에 손을 올리며, 예수가 태어날 장소를 묻는다. 유대 베들레헴이 대답이다 (마태복음 2:4) [41]. 남서쪽 기둥머리 모서리에서 수직선이 목자와 성모 영보의 이미지들을 구분한다. 한 천사가 두 목자의 앞에서 그들 가축 떼에 길을 안내한다.

몬레알레 N24: 무고한 대학살

무고한 대학살은 두 살 미만의 모든 남자 유아를 죽이도록 헤롯 유대 왕이 병사들에게 명령한다. 헤롯 앞에 베들레헴에서 왕권을 가질 미래 경쟁자 출생과 유대인의 새 왕을 예언한 현자 중 한 명이 앉아 있다. 이 이야기의 세부 상황은 몬레알레 대성당의 모자이크에 재현된다. 대학살 사건은 기둥머리를 중심으로 시계 방향으로 전개되며 몇 극적 묘사를 포함, 다양한 제스처는 어머니의 절망을 표현한다. 군인이 검에 기대며 무관심하게 장면을 관찰하는 순서부터 시작한다. 기둥머리는 칼라토스 상단에 잎 모티브, 그 위에 또 다른 둥근 슬래브와 종려나무로 장식한 임포스트 블록으로 구성된다.

---

41 **4** 왕이 모든 대제사장과 백성의 서기관들을 모아 그리스도가 어디서 나겠느뇨 물으니 **4** When he had called together all the people's chief priests and teachers of the law, he asked them where the Messiah was to be born.

기초를 만드는 아칸서스 잎은 다른 기둥머리의 것보다 높은 수준으로 처리했고 인물들이 담긴 공간은 상대적으로 압축되었다. 장면의 수평 방향을 강조하여, 공간의 전체 통일성과 묘사된 사건의 동시성을 표현한다.

상 피에르, 모아삭 E14: 동방 박사의 찬사, 베들레헴의 무고한 학살

동방 박사들의 찬사는 기둥머리 북쪽에 있다. 세 명은 별을 따라 성문을 통해 말을 타고 예루살렘을 떠난다. 짧은 무릎길이의 옷을 입고 선물을 가졌다. 금, 유향, 몰약(myrrh)은 그리스도의 세 측면인 왕, 제사장, 구세주를 구현한다. 동방 박사들은 기둥머리 왼쪽 볼류트 아래 앉아있는 아기와 함께한 메리에게 다가간다. 그녀는 동방

박사로 돌리지 않고 관망자로 향했다. 메리는 축복 표시의 몸짓, 열린 책과 유아 예수를 위해 보좌를 이룬다. 동쪽 기둥머리 중앙에는 베들레헴 성문을 표시하는 탑이 보인다. 차양이 지붕에 매달리며 메리의 캐노피 역할을 한다. 그 위의 비문은 S[AN]C[T]A MARIA C[VM] R[EGIS]. 예루살렘 성문 반대편에는 개가 누워있고, 헤롯 왕이 무고한 유아들의 학살을 명령한다. 중간에 두 여자는 유아를 팔에 안고, 한편 군인은 한 유아 머리를 자른다. 유아의 몸은 또 다른 생명 없는 유아의 머리와 다리에 떨어진다. 헤롯의 지상 왕국이자 그리스도 하늘 왕국인 예루살렘(IHERUSALEM)과 베들레헴(BET[H] LE[H]M)은 서쪽 기둥머리에서 마주 본다. 전자는 사치와 폭정이 특징이다. 후자는 빈곤이나, 그리스도 왕국 만이 유효하며 영원할 것이다.

누가복음 (2:22~35): 성전에서의 제시

22 모세의 법대로 결례의 날이 차매 아기를 데리고 예루살렘에 올라가니 **23** 이는 주의 율법에 쓴바 첫 태에 처음 난 남자마다 주의 거룩한 자라 하리라 한대로 아기를 주께 드리고 […] **25** 예루살렘에 시므온이라 하는 사람이 있으니 이 사람이 의롭고 경건하여 이스라엘의 위로를 기다리는 자라 성령이 그 위에 계시더라 **26** 저가 주의 그리스도를 보기 전에 죽지 아니하리라 하는 성령의 지시를 받았더니 **27** 성령의 감동으로 성전에 들어가매 마침 부모가 율법의 전례대로 행하고자 하여 그 아기 예수를 데리고 오는지라 **28** 시므온이 아기를 안고 하나님을 찬송하여 가로되 **29** 주재여 이제는 말씀하신대로 종을 평안히 놓아 주시는도 **30** 내 눈이 주의 구원을 보았사오니 **31** 이는 만민 앞에 예비하신 것이요 **32** 이방을 비추는 빛이요 주의 백성 이스라엘의 영광이니이다 하니 **33** 그 부모가 그 아기에 대한 말들을 기이히 여기더라 **34** 시므온이 저희에게 축복하고 그 모친 마리아에게 일러 가로되 보라 이 아이는 이스라엘 중 많은 사람의 패하고 흥함을 위하며 비방을 받는 표적 되기 위하여 세움을 입었고 **35** 또 칼이 네 마음을 찌르듯 하리라 이는 여러 사람의 마음의 생각을 드러내려 함이니라 하더라[42]

---

42 **22** When the time came for the purification rites required by the Law of Moses, Joseph and Mary took him to Jerusalem to present him to the Lord **23** (as it is written in the Law of the Lord, "Every firstborn male is to be consecrated to the Lord" […] **25** Now there was a man in Jerusalem called Simeon, who was righteous and devout. He was waiting for the consolation of Israel, and the Holy Spirit was on him. **26** It had been revealed to him by the Holy Spirit

산타 마리아, 튜델라 N4: 성전에서의 제시

누가복음(2:22~37)에 설명된 예수 유년기는 기둥머리 네 면으로 확장된다. 남쪽과 서쪽 기둥머리들에 세 기둥을 지탱하는 아치는 성전

that he would not die before he had seen the Lord's Messiah. **27** Moved by the Spirit, he went into the temple courts. When the parents brought in the child Jesus to do for him what the custom of the Law required, **28** Simeon took him in his arms and praised God, saying: **29** "Sovereign Lord, as you have promised, you may now dismiss your servant in peace. **30** For my eyes have seen your salvation, **31** which you have prepared in the sight of all nations: **32** a light for revelation to the Gentiles, and the glory of your people Israel." **33** The child's father and mother marveled at what was said about him. **34** Then Simeon blessed them and said to Mary, his mother: "This child is destined to cause the falling and rising of many in Israel, and to be a sign that will be spoken against, **35** so that the thoughts of many hearts will be revealed. And a sword will pierce your own soul too."

건축 양식을 보인다. 머리 관을 잃은 메리는 십자 후광에 축복의 몸짓으로 손을 뻗은 아기 예수를 제사장 시므온에게 소개한다. 수염을 가진 시므온 뒤에 천사가 서 있다. 북쪽 기둥머리에 선지자 안나와 요셉이 메리 뒤에 나타난다. 둘 다 새들을 쥐고 있다. 요셉은 짧은 튜닉과 어깨 위에 부착된 외투로 수염 난 남자를 따른다. 두 개의 큰 잎이 옆에 있다. 출처가 불확실한 근원에서 영감 얻은 주제로 성전의 제시는 성육신을 증인 한다. 기독교 빛을 수용하고 계시함에 이 기둥머리를 승원 회랑 북쪽 갤러리에 두어, 성찬식 전례와 신비와 관련지을 수 있다.

성모 영보, 탄생

갈포트 소우카   상 구갓

동방박사

갈리강트   갈포트 두라턴   산 마틴 프로미스타

이집트 피난, 무고한 대학살

에스타니

예수의 세례

—

예수가 세례 요한에 와서 세례를 받으려 요청했을 때, 요한은 처음에 이 회개의 상징에 참여하기를 꺼렸다. 예수는 요한이 믿었던 하나님과 특별한 관계를 맺었다면 무엇을 회개해야 할까? 그러나 예수는 세례를 주장했다. 예수가 자신의 생활 방식을 완전히 바꿀 준비가 되었고, 자신의 첫 제자가 될 사람들과 자신을 동일시해야 한다고 느꼈기 때문이다. 복음은 그를 다른 사람들과 분리하는 것이 아니고 예수와 하나님과의 특별 관계가 평범한 사람들의 삶에 완전히 관여하는 강력한 이유임을 시사한다. 이 말에는 다른 저류가 흐른다. 예수의 세례가 그의 생애의 절정과 목표인 십자가, 즉 그의 죽음은 하나님 뜻이 요한의 시대보다 더 진정으로 수행된 "세례"로 언급될 때 명백해진다.

복음은 예수 세례와 그와 하나님 관계의 정확한 본질을 밝히는 시작으로 보여준다. 마가복음(1:11)에 의하면, "하늘로서 소리가 나기를 너는 내 사랑하는 아들이라 내가 너를 기뻐하노라 하시니라." 하나님의 사랑하는 아들이다. 하나님은 예수와 함께 기쁘다. 이것은 구약 성경의 두 구절에서 발견하는 진술의 조합으로, 첫째는 시편(2:7)에 대한 암시이다. "내가 영을 전하노라 여호와께서 내게 이르시되 너는 내 아들이라 오늘날 내가 너를 낳았도다."

이 문맥은 하나님의 개인적 대표자로 나라를 통치하는 유대 왕들에게 언급되었는데, 예수 시대에 널리 알려졌고, 다가오는 메시아에 대한 참고로 이해되었다. 더하여 이사야(42:1)에서 고난 겪은 종의 시를 분명히 암시한다. 여기서 종은 "내가 기뻐한 사람"으로 묘사된다. "하나님의 종"이라는 개념은 예수 시대 이전에 없다.

그러므로, 세례 이야기는 예수의 생애에 대한 나머지를 알려주는 두 주제를 제시한다. 예수는 하나님 나라를 시작할 사람으로 하나님과 자신의 특별 관계를 확신하다. 또한, 이 약속된 메시아는 대부분 사람이 기대한 것과는 다른 의미이다. 따라서, 예수가 도전에 직면했을 때, 복음서 필자들은 하나님의 임재로 세례에 성령이 비둘기 형태로 내려옴을 묘사, 이것을 독자들에게 상기시켰다.

마가복음 (1:9~11) 예수의 세례

9 그 때에 예수께서 갈릴리 나사렛으로부터 와서 요단강에서 요한에게 세례를 받으시고 **10** 곧 물에서 올라 오실째 하늘이 갈라짐과 성령이 비둘기 같이 자기에게 내려오심을 보시더니 **11** 하늘로서 소리가 나기를 너는 내 사랑하는 아들이라 내가 너를 기뻐하노라 하시니라[43]

---

43 **9** At that time Jesus came from Nazareth in Galilee and was baptized by John in the Jordan. **10** Just as Jesus was coming up out of the water, he saw heaven being torn open and the Spirit descending on him like a dove. **11** And a voice came from heaven: "You are my Son,

누가복음 (3:21~22) 예수의 세례

21 백성이 다 세례를 받을쌔 예수도 세례를 받으시고 기도하실 때에 하늘이 열리며 **22** 성령이 형체로 비둘기 같이 그의 위에 강림하시더니 하늘로서 소리가 나기를 너는 내 사랑하는 아들이라 내가 너를 기뻐하노라 하시니라[44]

마태복음 (3:13~17) 예수의 세례

13 이 때에 예수께서 갈릴리로서 요단강에 이르러 요한에게 세례를 받으려 하신대 **14** 요한이 말려 가로되 내가 당신에게 세례를 받아야 할 터인데 당신이 내게로 오시나이까 **15** 예수께서 대답하여 가라사대 이제 허락하라 우리가 이와 같이 하여 모든 의를 이루는 것이 합당하니라 하신대 이에 요한이 허락하는지라 **16** 예수께서 세례를 받으시고 곧 물에서 올라 오실쌔 하늘이 열리고 하나님의 성령이 비둘기 같이 내려 자기 위에 임하심을 보시더니 **17** 하늘로서 소리가 있어 말씀하시되 이는 내 사랑하는 아들이요 내 기뻐하는 자라 하시니라[45]

---

whom I love; with you I am well pleased."

44 **21** When all the people were being baptized, Jesus was baptized too. And as he was praying, heaven was opened **22** and the Holy Spirit descended on him in bodily form like a dove. And a voice came from heaven: "You are my Son, whom I love; with you I am well pleased."

45 **13** Then Jesus came from Galilee to the Jordan to be baptized by John. **14** But John tried to deter him, saying, "I need to be baptized by you, and do you come to me?" **15** Jesus replied, "Let it be so now; it is proper for us to do this to fulfill all righteousness." Then John consented.

산타 마리아, 튜델라 N7: 예수의 세례

예수 세례와 반대 기둥머리(N8)에서 요한의 가르침은 세례 요한의 중요성을 강조하며, 회랑 남쪽 갤러리에서 그의 순교 이미지를 볼 수 있다. 예수 세례와 요한 설교의 기둥머리는 회랑 북쪽 중간에 배치되었다. 기독교인들이 1월에 축하하는 예수 세례는 겨울에 일어난 예수의 어린 시절과 삶의 주기의 마지막을 의미한다. 요르단강에서 행한 세례는 서쪽 기둥머리 중심에 예수를 배치한다. 그의 몸체와 얼굴 조각은 거칠고 파괴된 것 같다. 예수의 왼편에 세례 요한은 낙타털 옷을 입었고, 반대편에 천사가 나타난다. 이 사건을 묘사하는 복음서들(마가복음 1:9~11; 누가복음 3:21~22)에는 천사가 없지만, 이런 대상을 포함함은 집행자가 세례 후 천으로 신생아를 덮는 전례 행위와 관련된다. 예수 세례에서 비둘기 형태를 취한 성령도 여기에 없다. 기둥머리의 빈약한 보전에, 1940년대 회복으로 조작되어, 승원 회랑의 기둥머리의 개별 요소를 해석할 때 주의가 필요하다.

16 As soon as Jesus was baptized, he went up out of the water. At that moment heaven was opened, and he saw the Spirit of God descending like a dove and alighting on him. **17** And a voice from heaven said, "This is my Son, whom I love; with him I am well pleased."

상 피에르, 모아삭 N18: 예수의 세례

기둥머리 구성은 시각적으로 명확하다. 중심에 예수는 요르단강의 물결 모양의 물 깊숙한 곳에 서 있다. 비둘기 모양의 성령이 그의 십자 후광 위에 떠 있다. 세례 요한이 예수 왼쪽에 서 있다. 사도들이 입는 전형적인 긴 토가(toga) 옷이며 예수의 머리와 가슴에 손을 얹는다. 중앙 집단의 좌우에 있는 두 사람 중 하나는 접힌, 다른 하나는 펼쳐진 천을 들고 있다. 남쪽 기둥머리에 또 다른 천사가 접근한다. 한 손으로 행렬용 십자를 잡고 축복 몸짓으로 다른 손을 올린다. 반대편에 천사도 같은 자세로 작은 십자 같은 것을 들고 뻗은 집게손가락을 위로 향하며 하나님 말씀을 전한다. "이는 내 사랑하는 아들이요 내 기뻐하는 자라 하시니라"(마태복음 3:13~17). 세례 요한의 삶에서 다른 주요 이야기는 그의 죽음으로 승원 회랑의 같은 갤러리(S1) 기둥머리에서 언급된다.

예수의 유혹과 순위

—

네 복음 중 첫 세 복음(마태복음, 마가복음, 누가복음)에 의하면, 예수는 세례를 받은 직후에 하나님의 약속된 구원자 메시아로서 자신의 해야 할 순위를 바로잡고자 어떻게 도전받았는지를 알린다. 마가복음은 예수의 유혹을 간단하게 언급하나, 마태복음과 누가복음은 더 자세하다. 예수의 기본 목적과 목표에 대한 프로그램이 짜인 진술로 그는 공개 사업을 시작했다. 유혹의 결과는, 예수가 궁극적으로 하나님의 일 처리법인 고통과 겸손한 봉사로 우회할 수 있었다.

금전

유혹은 돌을 빵으로 만드는 경제적 수단으로 메시아 시대에 관함이다.

1 예수께서 성령의 충만함을 입어 요단강에서 돌아오사 광야에서 사십일 동안 성령에게 이끌리시 **2** 마귀에게 시험을 받으시더라 이 모든 날에 아무 것도 잡수시지 아니하시니 날 수가 다하매 주리신지라 **3** 마귀가 가로되 네가 만일 하나님의

아들이어든 이 돌들에게 명하여 떡덩이가 되게 하라 **4** 예수께
서 대답하시되 기록하기를 사람이 떡으로만 살 것이 아니라 하
였느니라 (누가복음 4:1~4) ⁴⁶

세상에는 빵이 필요한 배고픈 사람들이 많다. 예수 자신도 광야에
있었으며 배가 고팠을 것이다. 구약과 신약은 다가오는 새로운 시
대를 배고픈 사람들이 먹고, 모든 사람의 요구가 충족될 물질적 번
영 시기로 묘사했다. 그러므로 예수가 이 문제에 관심 두는 적절한
이유가 있지만, 그는 기초의 명성을 설립하기 위해, 경제적 기적의
명성과 인기가 하나님이 그에게 행하라는 고통과 봉사가 아님을
알았다. 과거 역사에서 결정적 순간에 이스라엘 백성들에게 하나님
의 말씀은 이 특정한 유혹을 극복하는 수단이 되었다.

너를 낮추시며 너로 주리게 하시며 또 너도 알지 못하며 네 열
조도 알지 못하던 만나를 네게 먹이신것은 사람이 떡으로만 사
는 것이 아니요 여호와의 입에서 나오는 모든 말씀으로 사는
줄을 너로 알게하려 하심이니라 (신명기 8:3) ⁴⁷

---

46 **1** Jesus, full of the Holy Spirit, left the Jordan and was led by the Spiritinto the wilderness,
   2 where for forty days he was tempted by the devil. He ate nothing during those days, and at
   the end of them he was hungry. **3** The devil said to him, "If you are the Son of God, tell this
   stone to become bread." **4** Jesus answered, "It is written: 'Man shall not live on bread alone.'"
47 He humbled you, causing you to hunger and then feeding you with manna, which neither
   you nor your ancestors had known, to teach you that man does not live on bread alone but
   on every word that comes from the mouth of the LORD.

명성

사탄은 예수에게 비슷한 유혹을 성전 탑에서 아래의 붐비는 안뜰로 예수 자신이 던지는 제안을 제시했다. 그가 살아남았다면 특별한 힘으로 극적인 장면을 보였을 것이다. 기적과 이례가 보편적 호소력을 지님은 유대인 청중들도 마찬가지다. 유대교를 가장 잘 아는 바울은 말하기를, 자신의 백성은 표시를 요구함이 특징이다.

> 유대인은 표적을 구하고 헬라인은 지혜를 찾으나 (고린도전서 1:22) [48]

예수는 이 유혹의 더 구체적인 근본 의미를 전달한다. 메시아가 아무 곳에 극적으로 나타나는 것처럼, 갑자기 성전에 나타남을 시사하는 고대 예언이 있었다. 하나님은 그들의 믿음을 시험할 준비가 된 사람들을 보호한다는 약속과 더불어 그러한 묘기를 없애려 애쓰는 주장을 제시했다. 예수가 하나님이 택한 자라면, 하나님은 자신의 편에 있다는 약속을 시도하여 그의 부르심을 확인해야 하지 않는가?

예수는 극적이고 기적적인 것을 두려워하지 않은 예가 많다. 그는 그러한 감각주의에 자신의 메시지를 전하려는 유혹을 거부하며 신명기(6:16)에서 "너희가 맛사에서 시험한 것 같이 너희의 하나님 여호와를 시험하지 말고"[49]라는 자신의 판단을 뒷받침하는 구약을

---

48 Jews demand signs and Greeks look for wisdom.

49 Do not put the LORD your God to the test as you did at Massah.

인용했다. 인간의 안전에 대한 약속은 하나님의 뜻에 순종으로 봉사할 준비가 된 사람에게만이다. 예수는 이것이 자신의 이기적 목적을 위해 하나님 약속의 임의 사용이 아니고, 봉사와 고난을 의미하는 사람에게만 유효함을 분명히 했다.

권력

유혹은 예수가 정치적 메시아가 됨이다. 누가복음은 이것을 둘째 위치에 두지만, 마태복음(4:8~10)은 그 중요성을 강조하려 마지막에 놓았다. 당시 대부분이 메시아가 되기를 바랐던 것으로, 아마 이것이 가장 강력한 유혹이었을 것이다.

> 8 마귀가 또 그를 데리고 지극히 높은 산으로 가서 천하 만국과 그 영광을 보여 9 가로되 만일 내게 엎드려 경배하면 이 모든 것을 네게 주리라 10 이에 예수께서 말씀하시되 사단아 물러가라 기록되었으되 주 너의 하나님께 경배하고 다만 그를 섬기라 하였느니라[50]

새 시대가 도래했을 때 그들은 다른 모든 나라를 다스릴 것이라는

---

50 **8** Again, the devil took him to a very high mountain and showed him all the kingdoms of the world and their splendor. **9** "All this I will give you," he said, "if you will bow down and worship me." **10** Jesus said to him, "Away from me, Satan! For it is written: 'Worship the Lord your God, and serve him only.'"

믿음이 퍼져 있었으며, 이 권력의 유혹이 사탄의 권위를 수용하라는 초청으로, 예수에게 제시된 용어이다. 전 세계에 권력을 얻기 위해 "유혹자"를 의미, 이 전망은 세계 왕국이 열린다는 찬란함에 대한 비전으로 더욱더 생생해졌다. 예수는 자신의 백성이 자유를 간절히 바라는 욕망에 비 동정적이 아니다. 그는 로마의 폭정 아래 속임을 당했고 로마 세금을 지급하려 일했다. 현재 상태를 잘 알며 백성의 비참함에 무관심하지 않다.

몇 이유로 정치적 메시아를 거부했다. ⑴ 예수는 자신에게 제공된 조건을 거부했다. 사탄이 예수와 주권을 나눔은, 하나님 주권의 절대성을 인정하지 않는 제한된 정치적 권위이다. 예수는 그것을 수용할 수 없었다. 자신의 헌신과 추종자들에게 요구한 헌신은 전적으로 하나님께 향한다. 어느 지역에서 유혹자의 힘을 인정함은 하나님의 궁극적 권위를 부정하는 일이다.

⑵ 예수는 로마인처럼 제국의 권위와 영광으로 통치할 가능성이 제시되었지만, 하나님 나라의 본질이 로마 제국에서 발견되는 권위와는 다름을 알았다. 하나님의 가치와 표준은 외부로부터 부과될 수 없다. 사람들이 하나님과의 관계뿐만 아니라 그들이 새 사회 구조를 만들 방법은 자유 선택을 통해 효과적으로 영양을 공급받아야 한다. 하나님의 일을 행하는 방법이다.

⑶ 유혹의 거부에 예수는 결단력 있게 행동했다. 그는 로마의 옛 권위주의와 그 이전의 다른 제국들을 대체하려 세계에 새로운 권위주의를 강요하지 않는다. "하나님 나라"는 많은 종교 광신자가 바라던 폭정과 잔인함이 아니고, 새 방식으로 하나님을 발견할 때 그것의 일부였던 사람들의 새로운 내적 본성을 형성함이다. 사랑과

돌보는 봉사의 힘을 통해 변화된 세상에 대한 이 새로운 비전을 수행할 사람이 될 수 있다.

상 피에르, 모아삭 S14: 예수의 유혹

기둥머리 동쪽에는 발톱과 날개 달린 악마가 오른쪽에 서서 예수를 향하며, 이것은 중심축의 나무로 분리된다. 그의 발에는 둥근 돌더미가 놓였고 그는 돌을 빵 덩어리로 바꾸라고 예수에게 지적, 도전한다. 북쪽 기둥머리에 악마 사탄은 예수를 인도한 예루살렘 성전 지붕에서 오른쪽으로 몸을 굽히며 자신을 던져 하나님 보호를 시험케 유혹했다. 예수는 팔을 하늘로 올리고 유혹에 견딘다. 남쪽 기둥머리에 같은 주인공들이 콘솔 블록 아래 서로 가까이 서 있다. 악마는 친숙하게 예수 어깨에 팔을 얹고 넘어져 그를 숭배한다면 예수에게 줄 "세계 모든 왕국과 그들의 영광"을 보여준다. 서쪽

기둥머리에 예수는 광야에서 금식을 깨뜨릴 빵을 건네주는 천사로 향한다. 왼쪽에 다른 천사는 예수가 씻기 위해 사용할 천을 들고 있다. 은유적 의미에서 이것은 승원 회랑의 "천의 퍼짐" 주제의 또 다른 사례이다. "밝힘"과 열린 책 장면처럼 예수의 승리(이 경우 유혹)는 모든 사람이 성경의 영적 의미를 파악할 수 있게 해 준다는 뜻이다. 구약은 그 의미를 포함하나 이해할 수 없었다. 우리는 유혹자에 승리한 후에 알려진다 (누가복음 4:14~15).[51]

---

51 **14** 예수께서 성령의 권능으로 갈릴리에 돌아가시니 그 소문이 사방에 퍼졌고 **15** 친히 그 여러 회당에서 가르치시매 뭇사람에게 칭송을 받으시더라

14 Jesus returned to Galilee in the power of the Spirit, and news about him spread through the whole countryside. **15** He was teaching in their synagogues, and everyone praised him.

이야기와 기호

—

예수의 특징적인 가르침은 비유로 전달되고 기적을 통해 시연되었다. 이 두 가지는 하나님 나라에 대한 그의 이해이다. 고대 세계에서 교사들은 항상 중요한 가르침 장소를 가졌다. 로마와 그리스 문화는 철학 학교의 오랜 전통을 지니며, 열렬한 학생들이 플라톤이나 소크라테스 같은 지적 거인의 발 옆에 앉아 삶의 의미를 발견하기 원했던 시대였다. 따라서, 몇 세기 지나, 예수의 초기 제자들이 로마 제국의 대도시로 그들의 메시지를 전했을 때, 여전히 훌륭한 교사 말을 듣고 시간 보낸 사람들이 부족지 않았다.

예수 자신은 고대 그리스나 로마에 발 들여놓지 않았고, 구전에 가치를 두는 문화에서 자랐다. 물론, 책도 가능하였다. 구약 성경은 전문 지식인들(복음에서 "서기관들")이 고대 지혜에 정통하려는 전문 학생들에 의해 집중적으로 연구된 주제로써 배움을 나누는 목적이었다. 대부분 일반인은 그런 연구를 할 능력이나 시간이 없었다. 그들은 히브리어 원어를 아람 언어로 번역, 유대 아람어 "타르굼(Targums)" 성서를 제작하는 과정에서, 안식일마다 예배에서 읽힘을 듣고 성경을 배웠다. 율법의 요구 사항이 일상생활과 행동에서 무엇을 의미하는지 설명하려 교사 랍비의 권고를 들었다.

예수는 처음부터 종교 교사로 인정받아, 제자와 그의 설교를 듣는 사람들 외에 반대자들도 그를 "랍비"라 칭했다. 그는 지역 회당과 예루살렘 성전에서 가르칠 기회를 얻었으며, 논이나 시장이든 어디서든 설교하였다. 사람들은 다른 랍비들과 같은 방식으로 율법과 종교에 관해 예수의 의견을 물었다. 전형적 질문들은 이혼과 결혼, 간음, 가족 싸움, 세금 납부 등등이다. 계명, 부활에 대한 믿음, 고통받는 이유 같은 더 신학적 문제도 있다.

유대교는 이러한 가르침의 전통을 따랐고, 구약 성경의 많은 부분이 글로 기록되기 전 입소문으로 전달되었다. 그들은 말로 전달된 서면 교과서로. 선지자들은 주로 연사였고, 잠언 같은 책에 담긴 말은 가정의 한 세대에서 다른 세대로 말로 전달된 일상 지혜였다. 이 말은 높은 평가를 받았으며, 2세기에도 소아시아의 히에라바울리스의 기독교 공동체 지도자 파피아스는 쓰기를, "책을 통해 얻을 수 있는 것은, 살아있는 끊임없는 목소리처럼 나에게 이익되지 않는다".[52] 이것은 초기 기독교인들이 복음을 쓰는 데 오래 걸렸던 이유를 설명한다. 많은 사람이 문맹자라는 사실을 제외하고, 실제로 읽기보다는 듣는 것을 더 좋아했다.

예수의 가르침은 기억에 남는 이야기와 말로 특징짓는다. 사람들의 관심을 끌기 위해 교사는 흥미로워야 하는데, 예수는 이것의 전문가였다. 그의 출발점은 추상적 아이디어보다 항상 청중의 생생한 경험이다. 창의적 사상가로서 스토리텔링의 영향을 감지, 이야기는

---

52 유세비우스의 『교회 역사』 iii.3.

상상력을 사로잡는다. 또, 사람들이 스스로 반영하고 결론에 도달하는 열린 공간을 제공한다.

실제 두 사람이 한 이야기에서 정확히 같은 교훈을 얻지 못한다. 예수는 의사소통 기술에 자신이 다른 교사들과 다름을 즉시 인식했다. 다른 교사들은 종종 주장하기를, 제자들이 그들의 가르침을 마음으로 배워야 한다. 그러나 예수는 사람들에게 스스로 생각할 자유를 주었고, 그들 자신의 특정한 삶의 상황에서 하나님이 그들에게 한 말로 해결케 격려하였다.

예수의 확장된 이야기는 "비유"라 불린다. 짧은 말도 같은 방식이다. 의사의 자기 치료(누가복음 4:23), 맹인이 다른 맹인을 인도할 수 없음(누가복음 6:39)의 대중 속담들은 비유이다.

예수가 말을 통하여 자신의 메시지를 전하는 데 생생한 정신적 이미지를 불러일으키는 다른 구절도 있다. 산상 수훈(마태복음 5~7)에서 소금, 빛, 도시, 새, 꽃에 대해 말했지만, 요한복음에서는 자신을 선한 목자(10:1~18), 참 포도나무(15:1~11), 빵(6:35), 또는 생명을 주는 물(7:37~39), 제자들이 수확하도록 부름을 받은 것(4:31~38) 등등 이런 종류의 그래픽(graphic) 언어는 예수의 가르침을 항상 기억하기 쉽게 해준다.

예수의 비유

네 정식 복음과 몇 비정규 복음에 나와 있는 예수의 비유들은 그의 기록된 가르침의 약 1/3을 형성하며, 기독교들은 예수의 말씀으로 간주한다. 비유들은 겉보기에 단순하고 기억에 남는 이야기이며,

종종 이미지와 함께 메시지를 전한다. 학자들은 단순해 보이는 비유들이 전달하는 메시지가 깊고 예수의 가르침의 중심이라고 주장한다. 기독교 저자들은 그들을 일러스트레이션의 목적에 이바지하는 외모적 비교(similitudes)가 아니고, 자연이 영적 세계의 증인이 되는 내부적 유형 비교(analogies)로 본다.

기독교인들은 이러한 비유를 매우 강조하는데 그 까닭은 요한복음(8:28, 14:10)에 나온 바와 같이 이 비유들은 예수의 말씀이요, 아버지가 가르친 바와 같음을 믿기 때문이다. 예수의 많은 비유는 빵을 굽는 여자(누룩의 비유), 밤에 이웃의 문을 두드리는 사람(밤에 친구의 비유), 길가의 기습(선한 사마리아인) 등 평범한 일상적인 것들을 언급한다. 그러나 그들은 하나님 나라의 성장, 기도의 중요성, 사랑의 의미의 주요 종교적 주제를 다룬다. 서구 문명에서 이 비유는 *parable* 용어의 근본이 되었으며 현대에는 성경을 거의 모르는 사람들조차도 예수의 비유를 알고 있다. 예수가 비유로써 이야기한 이유는 청중들이 배우지 못한 사람들이었기 때문이다.

아래는 대표적인 비유 목록이다.

번호	사건	복음서
1	자라나는 씨	마가 4:26~29
2	두 빚진 자	누가 7:41~43
3	말 밑의 등불	마태 5:14~15 마가 4:21~25 누가 8:16~18
4	착한 사마리아인	누가 10:30~37
5	밤중의 벗	누가 11:5~8
6	어리석은 부자	누가 12:16~21
7	지혜롭고 어리석은 건축가	마태 7:24~27 누가 6:46~49
8	새 포도주를 옛 부대에	마태 9:17 마가 2:21~22 누가 5:37~39

9	강한 자	마태 12:29 마가 3:27 누가 11:21~22
10	씨 뿌리는 자	마태 13:3~9 마가 4:3~9 누가 8:5~8
11	가라지	마태 13:24~30
12	열매 없는 무화과나무	누가 13:6~9
13	겨자씨	마태 13:31~32 마가 4:30~32 누가 13:18~19
14	누룩	마태 13:33 누가 13:20~21
15	진주	마태 13:45~46
16	물고기를 모으는 그물	마태 13:47~50
17	감춘 보화	마태 13:44
18	비용의 예산	누가 14:28~33
19	잃어버린 양	마태 18:10~14 누가 15:4~6
20	용서하지 않는 종	마태 18:23~35
21	잃어버린 동전	누가 15:8~9
22	방탕한 아들	누가 15:11~32
23	불의한 청지기	누가 16:1~13
24	부자와 나사로	누가 16:19~31
25	주인과 하인	누가 17:7~10
26	불의한 재판장	누가 18:1~9
27	바리새인과 세리	누가 18:10~14
28	포도원의 품꾼들	마태 20:1~16
29	두 아들	마태 21:28~32
30	악한 농부들	마태 21:33~41 마가 12:1~9 누가 20:9~16
31	혼인 잔치	마태 22:1~14 누가 14:15~24
32	잎사귀 나는 무화과나무	마태 24:32~35 마가 13:28~31 누가 21:29~33
33	미더운 종	마태 24:42~51 마가 13:34~37 누가 12:35~48
34	열 처녀	마태 25:1~13
35	달란트와 므나	마태 25:14~30 누가 19:12~27
36	양과 염소	마태 25:31~46
37	혼인 잔치	누가 14:7~14

"나자로와 부자 대식가"(부분), 에흐테마흐의 코덱스 아우레우스의 일류미네이션

요한복음 (4:5~27) 예수와 사마리아 여인

5 거기 또 야곱의 우물이 있더라 예수께서 행로에 곤하여 우물 곁에 그대로 앉으시니 때가 제 육시쯤 되었더라 [···] **7** 사마리아 여자 하나가 물을 길러 왔으매 예수께서 물을 좀 달라 하시니 **8** 이는 제자들이 먹을 것을 사러 동네에 들어갔음이러라 **9** 사마리아 여자가 가로되 당신은 유대인으로서 어찌하여 사마리아 여자 나에게 물을 달라 하나이까 하니 이는 유대인이 사마리아인과 상종치 아니함이러라 **10** 예수께서 대답하여 가라사대 네가 만일 하나님의 선물과 또 네게 물좀 달라 하는 이가 누구인줄 알았더면 네가 그에게 구하였을 것이요 그가 생수를 네게 주었으리라 **11** 여자가 가로되 주여 물 길을 그릇도 없고 이 우물은 깊은데 어디서 이 생수를 얻겠삽나이까 **12** 우리 조상 야곱이 이 우물을 우리에게 주었고 또 여기서 자기와 자기 아들들과 짐승이 다 먹었으니 당신이 야곱보다 더 크니이까 **13** 예수께서 대답하여 가라사대 이 물을 먹는 자마다 다시 목마르려니와 **14** 내가 주는 물을 먹는 자는 영원히 목마르지 아니하리니 나의 주는 물은 그 속에서 영생하도록 솟아나는 샘물이 되리라 [···] **27** 이 때에 제자들이 돌아와서 예수께서 여자와 말씀하시는 것을 이상히 여겼으나 무엇을 구하시나이까 어찌하여 저와 말씀하시나이까 묻는 이가 없더라[53]

---

[53] **5** So he came to a town in Samaria called Sychar, near the plot of ground Jacob had given to his son Joseph. [···] **7** When a Samaritan woman came to draw water, Jesus said to her, "Will you give me a drink?" **8** (His disciples had gone into the town to buy food.) **9** The Samaritan woman said to him, "You are a Jew and I am a Samaritan woman. How can you ask me for a

누가복음 (10:30~37) 착한 사마리아인

30 예수께서 대답하여 가라사대 어떤 사람이 예루살렘에서 여리고로 내려가다가 강도를 만나매 강도들이 그 옷을 벗기고 때려 거반 죽은 것을 버리고 갔더라 **31** 마침 한 제사장이 그 길로 내려가다가 그를 보고 피하여 지나가고 **32** 또 이와 같이 한 레위 인도 그곳에 이르러 그를 보고 피하여 지나가되 **33** 어떤 사마리아인은 여행하는 중 거기 이르러 그를 보고 불쌍히 여겨 **34** 가까이 가서 기름과 포도주를 그 상처에 붓고 싸매고 자기 짐승에 태워 주막으로 데리고 가서 돌보아 주고 **35** 이튿날에 데나리온 둘을 내어 주막 주인에게 주며 가로되 이 사람을 돌보아 주라 부비가 더 들면 내가 돌아 올 때에 갚으리라 하였으니 **36** 네 의견에는 이 세 사람 중에 누가 강도 만난 자의 이웃이 되겠느냐 **37** 가로되 자비를 베푼 자니이다 예수께서 이르시되 가서 너도 이와 같이 하라 하시니라[54]

drink?" (For Jews do not associate with Samaritans.) **10** Jesus answered her, "If you knew the gift of God and who it is that asks you for a drink, you would have asked him and he would have given you living water." **11** "Sir," the woman said, "you have nothing to draw with and the well is deep. Where can you get this living water? **12** Are you greater than our father Jacob, who gave us the well and drank from it himself, as did also his sons and his livestock?" **13** Jesus answered, "Everyone who drinks this water will be thirsty again, **14** but whoever drinks the water I give them will never thirst. Indeed, the water I give them will become in them a spring of water welling up to eternal life." […] **27** Just then his disciples returned and were surprised to find him talking with a woman. But no one asked, "What do you want?" or "Why are you talking with her?"

54 **30** In reply Jesus said: "A man was going down from Jerusalem to Jericho, when he was attacked by robbers. They stripped him of his clothes, beat him and went away, leaving him

누가복음 (16:19~31) 나사로와 부자 대식가

19 한 부자가 있어 자색 옷과 고운 베옷을 입고 날마다 호화로이 연락하는데 **20** 나사로라 이름한 한 거지가 헌데를 앓으며 그 부자의 대문에 누워 **21** 부자의 상에서 떨어지는 것으로 배불리려 하매 심지어 개들이 와서 그 헌데를 핥더라 **22** 이에 그 거지가 죽어 천사들에게 받들려야 아브라함의 품에 들어가고 부자도 죽어 장사되매 **23** 저가 음부에서 고통 중에 눈을 들어 멀리 아브라함과 그의 품에 있는 나사로를 보고 **24** 불러 가로되 아버지 아브라함이여 나를 긍휼히 여기사 나사로를 보내어 그 손가락 끝에 물을 찍어 내 혀를 서늘하게 하소서 내가 이 불꽃가운데서 고민하나이다 **25** 아브라함이 가로되 얘 너는 살았을 때에 네 좋은 것을 받았고 나사로는 고난을 받았으니 이것을 기억하라 이제 저는 여기서 위로를 받고 너는 고민을 받느니라 […] **29** 아브라함이 가로되 저희에게 모세와 선지자들이 있으니 그들에게 들을찌니라 **30** 가로되 그렇지 아니하니이다 아버지 아브라함이여 만일 죽은 자에게서 저희에게

---

half dead. **31** A priest happened to be going down the same road, and when he saw the man, he passed by on the other side. **32** So too, a Levite, when he came to the place and saw him, passed by on the other side. **33** But a Samaritan, as he traveled, came where the man was; and when he saw him, he took pity on him. **34** He went to him and bandaged his wounds, pouring on oil and wine. Then he put the man on his own donkey, brought him to an inn and took care of him. **35** The next day he took out two denarii and gave them to the innkeeper. 'Look after him,' he said, 'and when I return, I will reimburse you for any extra expense you may have.' **36** "Which of these three do you think was a neighbor to the man who fell into the hands of robbers?" **37** The expert in the law replied, "The one who had mercy on him." Jesus told him, "Go and do likewise."

가는 자가 있으면 회개하리이다 **31** 가로되 모세와 선지자들에게 듣지 아니하면 비록 죽은 자 가운데서 살아나는 자가 있을찌라도 권함을 받지 아니하리라 하였다 하시니"[55]

산타 마리아, 튜델라 W3: 세 가지 성경 비유

기둥머리 이야기는 예수의 세 가지 성경 비유로 씨 뿌리는 자, 잡초와 장님을 이끄는 장님이다. 동쪽과 북쪽 기둥머리들에는 이단과 바리새인들이 있다. 그들은 남동쪽 기둥머리 모서리에 앉은 예수에 등을 돌린다. 그를 쫓아내고 북서쪽 기둥머리 모서리로 행진한다. 어깨에 웅크린 악마를 가진 인물이 오른손에 왕권 지팡이 혹은 칼을 쥐고 있다. 장님을 이끄는 장님의 비유이다 (마태복음 15:14)[56]. 예수는

---

55 **19** "There was a rich man who was dressed in purple and fine linen and lived in luxury every day. **20** At his gate was laid a beggar named Lazarus, covered with sores **21** and longing to eat what fell from the rich man's table. Even the dogs came and licked his sores. **22** "The time came when the beggar died and the angels carried him to Abraham's side. The rich man also died and was buried. **23** In Hades, where he was in torment, he looked up and saw Abraham far away, with Lazarus by his side. **24** So he called to him, 'Father Abraham, have pity on me and send Lazarus to dip the tip of his finger in water and cool my tongue, because I am in agony in this fire.' **25** "But Abraham replied, 'Son, remember that in your lifetime you received your good things, while Lazarus received bad things, but now he is comforted here and you are in agony. [···] **29** "Abraham replied, 'They have Moses and the Prophets; let them listen to them.' **30** "'No, father Abraham,' he said, 'but if someone from the dead goes to them, they will repent.' **31** "He said to him, 'If they do not listen to Moses and the Prophets, they will not be convinced even if someone rises from the dead.'"

56 **14** 그냥 두어라 저희는 소경이 되어 소경을 인도하는 자로다 만일 소경이 소경을 인도하면

자기 일을 위해 두루마리를 올리고 바리새인의 실명(blindness)을 제자
들에게 보인다. 조각에서 옷차림은 이단자와 사도들을 분리하는 역
할을 한다. 바리새인들이 입는 두건이 달린 튜닉은 목자들의 옷과
일치한다. 로마네스크 조각에 모슬렘을 특징짓는 옷 카프탄도 사용
된다. 서쪽 기둥머리에서 마귀의 왼쪽에 제사장 바리새인 두 명은
손에 올린 두루마리로 그들의 거짓 법을 가르친다. 한쪽에서 예수
는 그들에게 듣고 있는 것 같다. 조각 릴리프는 교차한 다리, 몸짓,
옷 주름 같은 다양한 자세로 인물의 대칭을 깨뜨리고 구성을 활성
화해 승원 회랑의 다른 인물보다 역동적이다.

둘이 다 구덩이에 빠지리라 하신대 **14** Leave them; they are blind guides. If the blind lead the
blind, both will fall into a pit."

상 피에르, 모아삭 N18: 예수와 사마리아 여인

기둥머리는 요한복음(4:5~27)
을 묘사한다. 북쪽 기둥머
리에서 사마리아 여인은
야고보의 우물 가장자리에
놓인 양동이 손잡이와 밧
줄을 잡고 있다. 예수는 모

서리 볼루트 아래, 그녀 앞에 서 있다. 그녀에게 마실 것을 요청하
고 손가락으로 하늘을 가리킨다. 동쪽 기둥머리에서 천사가 날개
를 펼치고 예수 뒤의 하늘로 향하게 한다. 후광을 가진 두 인물이
천사 왼쪽에 서 있다. 그사이 먹을 것을 사러 간 사도들일 것이다 (
요한복음 4:8) [57]. 그들 중 하나는 빵 한 덩어리를 들고, 다른 하나는 어깨
에 큰 자루를 걸고 있다. 남쪽 기둥머리에서 셋째 사도는 빵 한 덩
어리를 들며, 동쪽 기둥머리의 빵 소지자처럼 손가락으로 하늘을
가리킨다. 위로 향하는 손가락 모티프의 반복은 인간의 갈증을 완
전히 풀 수 없는 우물의 물과 그리스도와 새로운 계약의 영생 물에
대조를 분명히 한다. 빵 덩어리, 사도들의 먹을 것, 올린 손가락들
은 요한복음(6:31) [58]을 생각나게 한다. 시편(78:24) [59]에는 이렇게 말한다:

---

57 **8** 이는 제자들이 먹을것을 사러 동네에 들어갔음이러라 **8** (His disciples had gone into the town
to buy food.)

58 **31** 기록된바 하늘에서 저희에게 떡을 주어 먹게 하였다 함과 같이 우리 조상들은 광야에서
만나를 먹었나이다 **31** Our ancestors ate the manna in the wilderness; as it is written: 'He
gave them bread from heaven to eat.'

59 **24** 저희에게 만나를 비같이 내려 먹이시며, 하늘양식으로 주셨나니 **24** he rained down

"저희에게 만나를 비같이 내려 먹이시며 하늘 양식으로 주셨나니"

상 피에르, 모아삭 S13: 착한 사마리아인

임포스트 블록의 네면 모두에 비문이 이어진다. 서쪽에서 시작하여
착한 사마리아인의 비유 표현을 동반한다. 이야기는 예루살렘에서
여리고로 내려가는 여행자이다. 그는 도중 강도들을 만나 때림을
당하여 거의 죽어 있었다 (누가복음 10:30~37). 서쪽 기둥머리에 강도 중
하나가 칼로 등을 찌른다. 다른 두 사람이 측면에 있으며, 이 장면
은 착한 사마리아인에 의해 오른쪽으로 이어진다. 착한 사마리인은
길가에 다친 사람에 팔을 뻗는다. 동쪽 기둥머리에 사제와 레위인
(이스라엘 성소를 지키는 종)이 길 반대편을 지나간다. 피해자를 돕기 위해

manna for the people to eat, he gave them the grain of heaven.

180

멈추지 않고 그들 움직임은 뻣뻣하다. 다친 사람을 돕고 그를 여관으로 데려오는 사마리아인이 뒤에 있다. 북쪽 기둥머리에서 사마리인은 희생자를 위탁한 여관 주인에게 2데나리온을 대가로 지불하고, 기도하는 자세로 팔을 올린다. 여관 주인은 간단한 건물 아케이드에서 나온다. 착한 사마리아인은 이웃에 대한 그리스도 사랑의 모범으로서 새 율법을 나타내며, 이는 옛 이스라엘 율법의 제사장과 레위인들보다 우선한다. 희생자는 또한 예수의 십자가 희생을 예시하는 것으로 해석될 수 있다. 예수는 수난 전 예루살렘 도착을 예고하는 나귀에 앉았다.

몬레알레 N8: 나사로와 부자

부자와 나병 환자 나사로의 비유는 기둥머리 네 면에서 언급되며 임포스트 블록은 비문을 동반한다. O DIVES DIVES / NON

MVLTO TEMPORE VIVES / FAC BENE DVM VI / VIS POST PORTEM VIVERE SI VIS. 누가복음의 이야기는 북쪽 기둥머리에서 시작, 부자와 그의 아내는 천개(canopy) 아래 화려한 잔치를 즐기며, 하인은 구걸하는 나사로를 문에서 쫓아내려 보내졌다. 굶주림과 질병으로 고통당한 가난한 사람의 상처를 두 마리 개가 핥는다. 다음 장면은 왼쪽에 부자의 죽음 침대이다. 열린 책에 전부 슬픔에 둘러싸인다. 반대로 내부 안뜰을 향한 남쪽 기둥머리는 영혼이 천사에 의해 운반되는 나사로 죽음이다. 다음 두 장면은 서쪽 기둥머리에 있다. 가난한 사람의 영혼이 아브라함의 가슴에 안전하게 하늘로 접근하는 동안, 부자는 지옥의 불 속에서 자신의 죄에 대해 속죄해야 한다.

산타 마리아, 튜델라 W14: 나사로와 부자 대식가

나사로의 비유에 관한 다양한 장면이다 (누가복음 16:19~31). 남서쪽 기둥머리 모서리와 인접 면에는 부자의 연회가 벌려져, 긴 식탁에 다섯 명이 앉아 있다. 왼쪽 모서리의 인물은 반쯤 긴 머리, 수염을 가지며 손에 뚜껑이 있는 구형 물체를 쥐고 있다. 하인으로 왼쪽 사람에게 무언가 제공한다. 곱슬머리 남자는 기쁨으로 입을 벌려 이빨을 보인다. 그는 음식을 입으로 들어 올리면서 하인에게 접시를 닿는다. 남쪽 기둥머리에는 두 추가 인물이 식탁에 나타난다. 이들도 하인 같은데, 하나는 식탁 위에 접시를 놓고 다른 하나는 문 쪽으로 향한다. 문은 빗장과 경첩만 인식된다. 문 반대편에 상처로 가득 찬 가난한 나사로가 서 있다. 그의 몸체 조각의 많은 부분이 손상

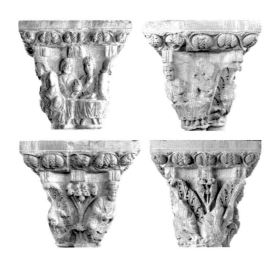

되었지만, 그의 맨발로 식별할 수 있다. 두 마리 개가 그의 다리 상처를 핥는다. 북서쪽 기둥머리 모서리에 가난한 사람의 영혼이 작은 흉상으로 아브라함의 가슴에 놓여 있다. 수염을 가진 족장은 긴 가운을 입고 있으며, 옆에 열매 가진 나무는 낙원을 제시한다. 대각선 반대편의 북동쪽 기둥머리 모서리에 부유한 대식가는 화염에 휩싸여 지옥의 턱에 가라앉는다.

생트 마리 마들렌, 베즐레 21, 72: 나사로와 부자의 죽음, 부자의 향연

기둥머리 21은 누가복음의 나사로와 부자의 죽음 비유이다. 기둥머리 왼쪽에 거지 나사로의 죽음이 있다. 그는 왼쪽 하단의 웅크린 인물이며, 오른쪽의 만도라(mandorla)에서 작은 벌거벗은 인물로 표현되는 그의 영혼이 있다. 만도라는 위에서 아래로 기울인 두 천사로

기둥머리 21, 기둥머리 72

지탱된다. 중심에 나쁜 부자 죽음이다.

기둥머리 72는 부자의 향연으로, 왼쪽 기둥머리에 거지 나사로는 지팡이에 기대고 그의 부패한 상처는 두 마리 개에 의해 핥고 있다. 앞면은 부잣집 내부를 보인다. 집은 크고 좁은 창을 가진 아치형 구조이다. 세 명이 식탁 뒤에 앉았다. 식탁은 칼과 그릇 혹은 큰 접시가 있는 천으로 덮여 있다. 수염난 부자 주인은 다른 사람보다 더 큰 신체이다. 오른손에 음식 한 조각을 가지며, 왼쪽에 앉은 여자에게 제공한다. 그녀는 그것을 물기 위해 기댄다. 왼쪽에는 또 다른 인물 나사로가 있다. 오른쪽에서 하인은 손으로 가마솥을 들면서 다른 손으로 불 위의 가마솥에 음식을 준비한다. 꼭대기 모서리의 동물은 사자이다.

마태복음 (17:1~8) **변형**

1 엿새 후에 예수께서 베드로와 야고보와 그 형제 요한을 데리시고 따로 높은 산에 올라가셨더니 **2** 저희 앞에서 변형되사 그 얼굴이 해 같이 빛나며 옷이 빛과 같이 희어졌더라 **3** 때에 모세와 엘리야가 예수로 더불어 말씀하는 것이 저희에게 보이거늘 **4** "베드로가 예수께 여짜와 가로되 주여 우리가 여기 있는 것이 좋사오니 주께서 만일 원하시면 내가 여기서 초막 셋을 짓되 하나는 주를 위하여, 하나는 모세를 위하여, 하나는 엘리야를 위하여 하리이다" **5** 말할 때에 홀연히 빛난 구름이 저희를 덮으며 구름 속에서 소리가 나서 가로되 이는 내 사랑하는 아들이요 내 기뻐하는 자니 너희는 저의 말을 들으라 하는지라 **6** 제자들이 듣고 엎드리어 심히 두려워하니 **7** 예수께서 나아와 저희에게 손을 대시며 가라사대 일어나라 두려워 말라 하신대 **8** 제자들이 눈을 들고 보매 오직 예수 외에는 아무도 보이지 아니하더라[60]

---

60 **1** After six days Jesus took with him Peter, James and John the brother of James, and led them up a high mountain by themselves. **2** There he was transfigured before them. His face shone like the sun, and his clothes became as white as the light. **3** Just then there appeared before them Moses and Elijah, talking with Jesus. **4** Peter said to Jesus, "Lord, it is good for us to be here. If you wish, I will put up three shelters—one for you, one for Moses and one for Elijah." **5** While he was still speaking, a bright cloud covered them, and a voice from the cloud said, "This is my Son, whom I love; with him I am well pleased. Listen to him!" **6** When the disciples heard this, they fell facedown to the ground, terrified. **7** But Jesus came and touched them. "Get up," he said. "Don't be afraid." **8** When they looked up, they saw no one except Jesus.

요한복음 (2:1~11) **가나의 결혼**

1 사흘 되던 날에 갈릴리 가나에 혼인이 있어 예수의 어머니도 거기 계시고 **2** 예수와 그 제자들도 혼인에 청함을 받았더니 **3** 포도주가 모자란지라 예수의 어머니가 예수에게 이르되 저희에게 포도주가 없다 하니 **4** 예수께서 가라사대 여자여 나와 무슨 상관이 있나이까 내 때가 아직 이르지 못하였나이다 **5** 그 어머니가 하인들에게 이르되 너희에게 무슨 말씀을 하시든지 그대로 하라 하니라 **6** 거기 유대인의 결례를 따라 두 세 통 드는 돌항아리 여섯이 놓였는지라 **7** 예수께서 저희에게 이르시되 항아리에 물을 채우라 하신즉 아구까지 채우니 **8** 이제는 떠서 연회장에게 갖다 주라 하시매 갖다 주었더니 **9** 연회장은 물로 된 포도주를 맛보고 어디서 났는지 알지 못하되 물 떠온 하인들은 알더라 연회장이 신랑을 불러 **10** 말하되 사람마다 먼저 좋은 포도주를 내고 취한 후에 낮은 것을 내거늘 그대는 지금까지 좋은 포도주를 두었도다 하니라 **11** 예수께서 이 처음 표적을 갈릴리 가나에서 행하여 그 영광을 나타내시매 제자들이 그를 믿으니라[61]

---

61 **1** On the third day a wedding took place at Cana in Galilee. Jesus' mother was there, **2** and Jesus and his disciples had also been invited to the wedding. **3** When the wine was gone, Jesus' mother said to him, "They have no more wine." **4** "Woman,[a] why do you involve me?" Jesus replied. "My hour has not yet come." **5** His mother said to the servants, "Do whatever he tells you." **6** Nearby stood six stone water jars, the kind used by the Jews for ceremonial washing, each holding from twenty to thirty gallons. **7** Jesus said to the servants, "Fill the jars with water"; so they filled them to the brim. **8** Then he told them, "Now draw some out and take it to the master of the banquet." They did so, **9** and the master of the banquet

요한복음 (11:38~45) 죽은 나사로의 일어남

38 이에 예수께서 다시 속으로 통분히 여기시며 무덤에 가시니 무덤이 굴이라 돌로 막았거늘 **39** 예수께서 가라사대 돌을 옮겨 놓으라 하시니 그 죽은 자의 누이 마르다가 가로되 주여 죽은지가 나흘이 되었으매 벌써 냄새가 나나이다 **40** 예수께서 가라사대 내 말이 네가 믿으면 하나님의 영광을 보리라 하지 아니하였느냐 하신대 **41** 돌을 옮겨 놓으니 예수께서 눈을 들어 우러러 보시고 가라사대 아버지여 내 말을 들으신 것을 감사하나이다 **42** 항상 내 말을 들으시는 줄을 내가 알았나이다 그러나 이 말씀 하옵는 것은 둘러선 무리를 위함이니 곧 아버지께서 나를 보내신 것을 저희로 믿게 하려 함이니이다 **43** 이 말씀을 하시고 큰 소리로 나사로야 나오라 부르시니 **44** 죽은 자가 수족을 베로 동인채로 나오는데 그 얼굴은 수건에 싸였더라 예수께서 가라사대 풀어 놓아 다니게 하라 하시니라 **45** 마리아에게 와서 예수의 하신 일을 본 많은 유대인이 저를 믿었으나[62]

---

tasted the water that had been turned into wine. He did not realize where it had come from, though the servants who had drawn the water knew. Then he called the bridegroom aside **10** and said, "Everyone brings out the choice wine first and then the cheaper wine after the guests have had too much to drink; but you have saved the best till now." **11** What Jesus did here in Cana of Galilee was the first of the signsthrough which he revealed his glory; and his disciples believed in him.

62 **38** Jesus, once more deeply moved, came to the tomb. It was a cave with a stone laid across the entrance. **39** "Take away the stone," he said. "But, Lord," said Martha, the sister of the dead man, "by this time there is a bad odor, for he has been there four days." **40** Then Jesus said, "Did I not tell you that if you believe, you will see the glory of God?" **41** So they took

누가복음 (5:1~11) 물고기 포획의 기적

1 무리가 옹위하여 하나님의 말씀을 들을쌔 예수는 게네사렛 호숫 가에 서서 **2** 호숫가에 두 배가 있는 것을 보시니 어부들은 배에서 나와서 그물을 씻는지라 **3** 예수께서 한 배에 오르시니 그 배는 시 몬의 배라 육지에서 조금 떼기를 청하시고 앉으사 배에서 무리를 가르치시더니 **4** 말씀을 마치시고 시몬에게 이르시되 깊은 데로 가 서 그물을 내려 고기를 잡으라 **5** 시몬이 대답하여 가로되 선생이여 우리들이 밤이 맞도록 수고를 하였으되 얻은 것이 없지마는 말씀 에 의지하여 내가 그물을 내리리이다 하고 **6** 그리한즉 고기를 에운 것이 심히 많아 그물이 찢어지는지라 **7** 이에 다른 배에 있는 동무 를 손짓하여 와서 도와달라 하니 저희가 와서 두 배에 채우매 잠기 게 되었더라 **8** 시몬 베드로가 이를 보고 예수의 무릎 아래 엎드려 가로되 주여 나를 떠나소서 나는 죄인이로소이다 하니 **9** 이는 자기 와 및 함께 있는 모든 사람이 고기 잡힌 것을 인하여 놀라고 **10** 세 베대의 아들로서 시몬의 동업자인 야고보와 요한도 놀랐음이라 예 수께서 시몬에게 일러 가라사대 무서워 말라 이제 후로는 네가 사 람을 취하리라 하시니 **11** 저희가 배들을 육지에 대고 모든 것을

---

away the stone. Then Jesus looked up and said, "Father, I thank you that you have heard me. **42** I knew that you always hear me, but I said this for the benefit of the people standing here, that they may believe that you sent me." **43** When he had said this, Jesus called in a loud voice, "Lazarus, come out!" **44** The dead man came out, his hands and feet wrapped with strips of linen, and a cloth around his face. Jesus said to them, "Take off the grave clothes and let him go." **45** Therefore many of the Jews who had come to visit Mary, and had seen what Jesus did, believed in him.

버려두고 예수를 좇으니라[63]

상 피에르, 모아삭 S16: 변형

네 복음서 중 세 개에 묘사된 예수의 변형은 기둥머리에서 여러 장면으로 묘사한다. 예수는 사도 베드로, 요한, 야고보를 높은 산으로 인도하고 그들 눈앞에서 변하였다 (마태복음 17:1~8). 예수는 구약의 선지자 모세, 엘리야와 이야기를 나눈다. 이 놀라운 일에 사도 두 명이 나무 옆으로 무릎을 꿇었다. 나무는 베드로가 제안해야 할 가설 오두막의 암시가 될 수 있다 (마가복음 9:5)[64]. 기둥머리 다른 두 면은

---

63 **1** One day as Jesus was standing by the Lake of Gennesaret, the people were crowding around him and listening to the word of God. **2** He saw at the water's edge two boats, left there by the fishermen, who were washing their nets. **3** He got into one of the boats, the one belonging to Simon, and asked him to put out a little from shore. Then he sat down and taught the people from the boat. **4** When he had finished speaking, he said to Simon, "Put out into deep water, and let down the nets for a catch." **5** Simon answered, "Master, we've worked hard all night and haven't caught anything. But because you say so, I will let down the nets." **6** When they had done so, they caught such a large number of fish that their nets began to break. **7** So they signaled their partners in the other boat to come and help them, and they came and filled both boats so full that they began to sink. **8** When Simon Peter saw this, he fell at Jesus' knees and said, "Go away from me, Lord; I am a sinful man!" **9** For he and all his companions were astonished at the catch of fish they had taken, **10** and so were James and John, the sons of Zebedee, Simon's partners. Then Jesus said to Simon, "Don't be afraid; from now on you will fish for people." **11** So they pulled their boats up on shore, left everything and followed him.

64 **5** 베드로가 예수께 고하되 랍비여 우리가 여기 있는 것이 좋사오니 우리가 초막 셋을 짓되

예수와 제자들이 예루살렘으로 돌아온다. 도시 건물이 북쪽을 차지한다. 베드로, 요한과 야고보는 닫힌 책을 들고 있다. 예수는 그들에게로 가서 이런 말을 할 것이다 (마태복음 17:9) [65] 닫힌 책은 밝혀져야 할 메시지이다. 십자가를 통해 구원을 예언했던 선지자들의 이 기적적 인식과 곧 이 현실에 증언해야하는 사도들의 영혼 감정에서 예수 자신의 말이 포함된다. "나는 법과 선지자들을 파기하러 온 것이 아니다. 나는 그것을 완성하기 위해 왔다." 기둥머리 인물들은 정교한 스타일로 그들 몸은 행동을 표현, 움직임은 매끄럽고, 세부 사항은 정확하며, 설득력 있다.

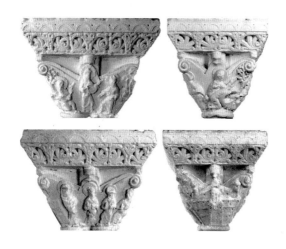

하나는 주를 위하여, 하나는 모세를 위하여, 하나는 엘리야를 위하여 하사이다 하니 5 Peter said to Jesus, "Rabbi, it is good for us to be here. Let us put up three shelters—one for you, one for Moses and for Elijah."

65 9 저희가 산에서 내려올 때에 예수께서 명하여 가라사대 인자가 죽은자 가운데서 살아나기 전에는 본것을 아무에게도 이르지 말라 하시니 9 As they were coming down the mountain, Jesus instructed them, "Don't tell anyone what you have seen, until the Son of Man has been raised from the dead."

상 피에르, 모아삭 S12: 예수의 기적

기둥머리에 예수의 두 기적 – 가나안 여인의 귀신 들린 딸 치유와 로마 백부장의 아들(누가복음에 따르면, 종)의 치유이다. 서쪽 기둥머리에서 가나안 여인은 왼쪽에, 예수는 오른쪽에 서 있다. 그들 사이에 후광을 가진 인물은 사도일 것이다. 그는 한쪽 팔을 여자에게, 다른 팔을 예수에 뻗는다. 북서쪽 기둥머리 모서리에 광기의 표시로 엉킨 머리카락의 귀신 들린 딸은 그녀의 집 아치 출입구 아래에서 때려눕힌 것 같다. 이 장면과 유사하게, 백부장 아들의 치유는 동쪽 기둥머리에서 전개된다. 백부장은 짧은 옷을 입었다. 북동쪽 기둥머리 볼루트 아래 서 있는 예수에게 그는 자기 집을 표시하는 아케이드에서 아들의 병상을 지적한다. 그 뒤에 사도 베드로가 열쇠를 가지고 서 있다. 남쪽 기둥머리에 세 후광을 가진 인물 중 하나는 책을 들고, 예수에게 가나안 여인을 추방하라고 간청한 제자들이다. 두 기적 사건에 공통점이 있다. 이스라엘 백성 혹은 유대인들이

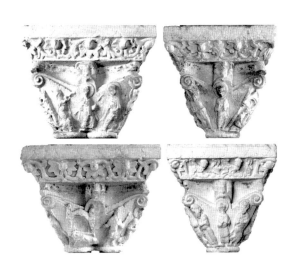

아닌 두 외국인의 그리스도에 대한 믿음이다. 선한 사마리아인을 대표하는 인접 기둥머리는 민족 그룹 구성원과 이웃을 사랑하라는 계명을 강조한다. 두 기적의 이코노그라피에 영적 의미는, 사도들은 예수의 복음을 유대인과 이방인들에게 똑같이 전파, 모든 교회를 연합시킴이다 (두 집이 기둥머리에 나타남). 베드로의 열쇠 있는 교회는 모든 기독교인의 참된 고향이다.

산타 마리아, 튜델라 N6: 가나의 결혼

귀족(세 동방 박사), 일반(목자), 종교 고위 인사(시므온)에 의해 확인된 예수 그리스도의 성육신을 묘사한 기둥머리(N4)는 예수의 공적 생활과 함께 이 기둥머리에서 계속된다. 결혼 잔치에 참석한 손님들은 풍성하게 꾸며진 식탁에 앉아 있다. 기둥머리 서쪽에는 수염 난 남자

옆에 수염 없는 젊은이가 그 옆에 앉아있는 부부에게 머리를 돌린다. 베일과 턱 끈을 가진 손상된 조각 인물이 남서쪽 기둥머리 모서리에 있다. 짧은 튜닉으로 하인이 입는 스타일이다. 반대 북서쪽 기둥머리 모서리에 머리 관을 쓴 예수가 역시 관을 쓴 메리에게 돌아본다. 메리가 아들에게 포도주가 떨어졌다고 말하는 순간이다. 북동쪽 기둥머리 모서리에 서 있는 예수의 얼굴은 인식될 수 있지만, 많은 조각 부분이 손실되었다. 그는 발 옆에 큰 그릇을 축복하여 물을 포도주로 바꾼다. 동쪽 기둥머리는 완전 손상, 요한복음(2:1~11)이 설명한 것처럼 다섯 돌 항아리를 확인할 수 없다. 예수의 첫 기적은 성찬의 종류이며, 교회의 성찬 거행과 기둥머리의 근접성의 문맥에서 해석해야 한다. 가나 결혼은 교회와 예수 그리스도의 약혼을 상징하며 부활절을 기대하는 영광을 표명한다.

상 피에르, 모아삭 E12: 가나의 결혼 잔치

기둥머리 남쪽에서 예수는 오른손을 땅바닥에 놓여 있는 세 개의 공 모양의 주전자 위로 뻗는다. 그 뒤에 어머니가 있다. 왼쪽에 사도는 열린 책을 들고 있다. 책, 그리스도의 손과 주전자를 기둥머리 중간축에 배열하여, 기적의 절정을 나타낸다. 서쪽 기둥머리에 사도의 존재로, 우물에서 물 긷는 하인을 보며 그것이 포도주로 바뀐다. 북쪽 기둥머리에 여섯 손님이 결혼식 잔치용 식탁 뒤에 앉아 있다. 신랑과 신부는 잔을 높이 들어 올린다. 손님은 손을 벌리거나 검지로 잔을 가리킨다. 기적에 관한 비문은 적기를, I[N] VINO VE[RE] FA[C]TA ("정말로 포도주로 변한다"). 동쪽 건축물은 결혼식

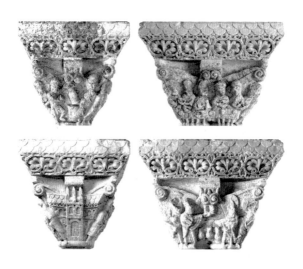

잔치집 혹은 가나 마을이다. 요한복음(2:1~11)이 예수의 첫 번째 기적을 묘사한 본문에 더 자세한 내용이 추가되었다. 열린 책을 가진 사도는 성경의 완성을 알린다. 조각가는 인물에 웅크린 비율을 채택, 머리와 손들을 불균형적으로 크게 하여, 사건의 일어남을 강조한다. 조각은 완전하고 생기있는 구성으로, 예수의 발 씻기, 나사로와 부유한 대식가의 두 이웃 기둥머리처럼 인정받는다.

산타 마리아, 튜델라 N10: 죽음에서 일어난 나사로

기둥머리 서쪽은 회랑의 현재 포털에서 교회 입구로 가는 도중이며, 열린 무덤과 수의로 감싸인 나사로의 시체가 나타난다. 기둥머리 옆에 배치된 예수의 서 있는 모습은 나사로, 마르다와 마리아 자매, 사도들과 증인들에 의해 위치된다. 증인들은 죽은 나사로에

방출된 지독한 냄새에 생생한 제스쳐로 슬픔과 놀라움을 표현한다. 나사로가 죽은 후 사 일이 지났다. 현장에서 여러 증인은 코로 손을 가린다. 무슨 일이 있었는지에 다른 사람들은 긴장하게 손을 문지른다. 대조적으로, 기둥머리 남서쪽 모서리에서 예수의 모습은 위엄과 평온이다. 십자 후광이 그의 머리 뒤에 배치, 맨발로 바람에 주름진 옷을 입은 그는 죽은 나사로를 가리킨다. 이 이야기는 가장 잘 알려진 예수의 기적 중 하나이다. 예수의 수난과 부활, 그리고 최후의 심판에서 죽은 자의 전조를 예시한다. 예수 긍정의 제정 (enactment)이다: 예수를 믿는 자는 죽어도 살 것이다.

25 예수께서 가라사대 나는 부활이요 생명이니 나를 믿는 자는 죽어도 살겠고 **26** 무릇 살아서 나를 믿는 자는 영원히 죽지

아니하리니 이것을 네가 믿느냐 (요한복음 11:25~26)[66]

이 아이디어는 기둥머리 반대편에 있는 북쪽 갤러리 벽에 새겨진 비문에 따라, 여기서 감금된 무덤과 맥락상 일치한다. 장면은 북쪽 기둥머리에서 건축 아치(베다니의 마르다와 마리아 집)로 시작한다. 신중하게 교정된 장면 구성은 릴리프에 기념비적 특징을 부여하고, 주인공들의 감정, 그들의 몸짓 및 세부 사항은 이 기둥머리를 회랑에서 가장 훌륭하게 만든다.

상 피에르, 모아삭 W8: 죽은 나사로의 일어남

나사로의 일어남은 승원 회랑에서 빈번한 주제이며, 대부분 매장 장소로서 역할을 하였다. 상 피에르에 매장이 일어났는지 알려지지 않지만, 매장 행렬이 회랑의 갤러리를 통과했을 가능성은 있다. 기둥머리 동쪽에서 예수는 무릎을 꿇고 있는 마르다와 마리아의 기도를 듣고 있다. 그 뒤 절반이 숨겨져 제자 중 한 명이 서 있다. 최근에 죽은 나사로의 두 자매는 예수가 하나님의 아들을 인정, 그들의 형제를 죽음에서 살리는 능력을 믿는다 (요한복음 11:1~45). 서쪽에서 예수는 무덤에서 일어나고 있는 나사로 앞에서 같은 자세로 서 있고, 나사로의 수의는 여전히 십자 밴드로 묶여 있다. 제자 한 명이

---

66 **25** Jesus said to her, "I am the resurrection and the life. The one who believes in me will live, even though they die; **26** and whoever lives by believing in me will never die. Do you believe this?"

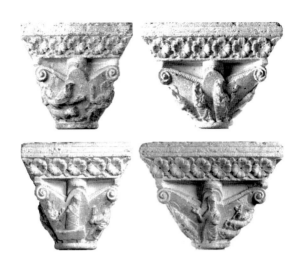

나사로 뒤에 있는 것 같다. 두 손이 올려졌는데 기도인지? 남쪽에
는 다른 제자(또는 유대인)가 오른손 검지로 장면을 가리킨다. 단순하고
원통형 모양의 인물로 그의 제스처는 강력하다. 툴루즈 상 세르낭
대성당에서 개발한 휘장 스타일과 일치하는 튜닉-망토를 겸비한
두 홈 사이에 작은 볼록한 선으로 구성된 긴 주름이 보인다.

상 피에르, 모아삭 N9: 물고기 포획의 기적

기둥머리 동쪽과 서쪽에 두 어선의 유사성은 내용의 대립을 강조
한다. 서쪽에 세 사람이 배에 앉아 있다. 두 명은 노를 젓고, 셋째
는 손을 원 모양으로 만든다. 어부의 성공 부족을 조롱하는 것처
럼 네 마리 물고기가 갑판에서 머리를 뺀다. 반면, 동쪽 기둥머리
에는 많은 물고기라 어망이 뛰쳐나왔고, 두 명 중 배의 키를 잡은

한 명이 낚싯대를 꽉 쥔다. 콘솔 블록에 물고기가 채워진다. 추가로
던진 어망은 배의 활과 선미에 매달려 있다. 물고기 포획은 기적이
다. 북쪽 기둥머리에 다시 세 사람이 보인다. 오른쪽에 있는 사람은
후광과 오른손에 양피지 두루마기를 들고 있다. 그들 모두 기적의
원천인 하늘을 가리킨다. 후광의 인물은 "사람의 어부", 즉 시몬 베
드로일 것이다. 다른 두 사람은 그의 동반자 야고보와 요한이다. 남
쪽 기둥머리에는 예수가 서 있다. 십자가 새겨진 그의 후광은 콘솔
블록에 정확히 위치한다. 그의 팔은 뻗어있고, 왼손에 활짝 열린 책
을 가지며, 아마 성경 이해를 의인화하는 추가 참조물일 것이다. 열
린 책 바로 아래 기적 포획의 두 물고기가 배 위쪽으로 나른다. 이
코노그라피는 기적의 물고기 포획(누가복음 5:1~11)과 디베라 바다에 의
한 예수의 모습을 결합한다.

마태복음 (21:1~11) 예루살렘 입성

1 저희가 예루살렘에 가까이 와서 감람산 벳바게에 이르렀을 때에 예수께서 두 제자를 보내시며 2 이르시되 너희 맞은편 마을로 가라 곧 매인 나귀와 나귀 새끼가 함께 있는 것을 보리니 풀어 내게로 끌고 오너라 3 만일 누가 무슨 말을 하거든 주가 쓰시겠다 하라 그리하면 즉시 보내리라 하시니 4 이는 선지자로 하신 말씀을 이루려 하심이라 일렀으되 5 "시온 딸에게 이르기를 네 왕이 네게 임하나니 그는 겸손하여 나귀, 곧 멍에 메는 짐승의 새끼를 탔도다 하라 하였느니라" 6 제자들이 가서 예수의 명하신대로 하여 7 나귀와 나귀 새끼를 끌고 와서 자기들의 겉옷을 그 위에 얹으매 예수께서 그 위에 타시니 8 무리의 대부분은 그 겉옷을 길에 펴며 다른이는 나무 가지를 베어 길에 펴고 9 앞에서 가고 뒤에서 따르는 무리가 소리질러 가로되 호산나 다윗의 자손이여 찬송하리로다 주의 이름으로 오시는이여 가장 높은 곳에서 호산나 하더라 10 예수께서 예루살렘에 들어가시니 온 성이 소동하여 가로되 이는 누구뇨 하거늘 11 무리가 가로되 갈릴리 나사렛에서 나온 선지자 예수라 하니라[67]

---

67 **1** As they approached Jerusalem and came to Bethphage on the Mount of Olives, Jesus sent two disciples, **2** saying to them, "Go to the village ahead of you, and at once you will find a donkey tied there, with her colt by her. Untie them and bring them to me. **3** If anyone says anything to you, say that the Lord needs them, and he will send them right away." **4** This took place to fulfill what was spoken through the prophet: **5** "Say to Daughter Zion, 'See, your king comes to you, gentle and riding on a donkey, and on a colt, the foal of a donkey.'" **6** The disciples went and did as Jesus had instructed them. **7** They brought the donkey and the colt and placed their cloaks on them for Jesus to sit on. **8** A very large crowd spread their

산타 마리아, 튜델라 N11: 예루살렘 입성

기둥머리 북쪽에 예수가 나귀에 앉아 오른손은 축복의 몸짓으로, 왼손은 두루마리를 들고, 예루살렘 방향으로 종려나무 열을 지나고 있다 (마태복음 21:1~11). 서 있는 다섯 인물이 기둥머리 측면을 둘러싸며, 복음이 묘사한 대로 다른 몸짓으로 다윗의 아들을 환영했던 군중들이다. 두 어린이가 있으며, 한 명은 튜닉을 벗고 머리 위로 그것을 당기며, 다른 한 명은 예수 앞에 옷을 펼친다. 존경과 경의이다. 서 있는 두 사람은 손바닥에 종려나무 가지를 가지거나 그 나무를 자르고

cloaks on the road, while others cut branches from the trees and spread them on the road. **9** The crowds that went ahead of him and those that followed shouted, "Hosanna[b] to the Son of David!" "Blessed is he who comes in the name of the Lord!"[c] "Hosanna[d] in the highest heaven!" **10** When Jesus entered Jerusalem, the whole city was stirred and asked, "Who is this?" **11** The crowds answered, "This is Jesus, the prophet from Nazareth in Galilee."

있다. 모서리에 세 명도 역시 종려나무로 장식되어 있다. 이 그룹 바로 뒤, 동쪽 기둥머리에 열린 예루살렘 성문이 보인다. 일곱 명이 예수를 따른다. 뒤에 후광을 담은 사도들로 베다니에서 예수와 동행하였다 (마태복음 21:9). 길을 따라 예수를 부르는 군중도 있다. 지상에서 그리스도의 높임과 승리의 장면이다.

산타 마리아, 튜델라 E1: 은 30조각의 지급

기둥머리는 예수를 대제사장에게 배신한 가룟인 유다에 은 30조각 지급을 묘사한다. 다른 기둥머리들(최후의 만찬, 발 씻기, 대제사장의 음모)과 동쪽 갤러리 가까운 곳에 있는 추가 기둥머리들(예수 배신과 체포)과 연관이 있다. 남쪽 기둥머리에 유다는 맨발로, 네 제사장은 맞은 편에 서서 열린 손을 뻗었다. 동전은 이미 손바닥에 놓였다. 그 앞에 있는 제사장은 고깔 달린 옷을, 둘째는 모자를 쓰고 있다. 다른 두 명은 아무 것도 쓰지 않았다. 모서리의 유다 뒤에는 염소 발굽이 달린 악마가 서 있다. 오른손으로 그  는 배신자 등을 만지고 귀에 속삭인다. 누가복음(22:3)[68]에 의하면, 사탄은 가룟인 유다에게 들어갔다. 예수 배신에 관해 유다와 대제사장의

---

68 **3** 열 둘 중에 하나인 가룟인이라 부르는 유다에게 사단이 들어가니 **3** Then Satan entered Judas, called Iscariot, one of the Twelve.

협상은 제사장의 올린 손, 즉 간담과 설득의 몸짓이다. 다양한 모습 자세는 북동쪽 기둥머리 모서리의 인물에서 보는 생동감과 강도를 부여하여 한 손으로 수염을 우아하게 만지는 사려 깊은 분위기를 표현한다.

최후의 만찬

—

네 복음은 예수 승리의 예루살렘에 입성한 후 일주일의 마지막 일이며, 예수가 십자가에 못 박히기 전날 저녁, 예루살렘 친구에게 빌린 방에서 제자들을 주최한 "최후의 만찬"을 이야기한다. 만찬에 관한 최초 기록은 고린도전서로 바울의 이야기는 복음서의 주 내용과 동의한다.

식사 하는 동안 예수는 참석한 사도 중 한 사람에 의한 배신과 다음 날 아침 전에 베드로가 자기를 알지 못한다고 세 번 거부할 것을 예언했다. 전통적 유대 관습을 따라 예수는 빵을 부수어 제자들에게 건네기 전에 식사에 대해 하나님에 감사드린다. 그는 그들에게 한 잔의 포도주를 건네면서 말했다.

> **24** 축사하시고 떼어 가라사대 이것은 너희를 위하는 내 몸이니 이것을 행하여 나를 기념하라 하시고 **25** 식후에 또한 이와 같이 잔을 가지시고 가라사대 이 잔은 내 피로 세운 새 언약이니 이것을 행하여 마실 때마다 나를 기념하라 하셨으니

아마도 Sigmaringen 시편책의 세밀화(부분), 1220년~40년, 알사스 스트라스부르그

(고린도전서 11:24~25) [69]

26 저희가 먹을 때에 예수께서 떡을 가지사 축복하시고 떼어 제자들을 주시며 가라사대 받아 먹으라 이것이 내 몸이니라 하시고 **27** 또 잔을 가지사 사례하시고 저희에게 주시며 가라사대 너희가 다 이것을 마시라 **28** 이것은 죄 사함을 얻게 하려고 많은 사람을 위하여 흘리는바 나의 피 곧 언약의 피니라 (마태복음 26:26~28) [70]

22 저희가 먹을 때에 예수께서 떡을 가지사 축복하시고 떼어 제자들에게 주시며 가라사대 받으라 이것이 내 몸이니라 하시고 **23** 또 잔을 가지사 사례하시고 저희에게 주시니 다 이를 마시매 **24** 가라사대 이것은 많은 사람을 위하여 흘리는바 나의 피 곧 언약의 피니라 (마가복음 14:22~24) [71]

19 또 떡을 가져 사례하시고 떼어 저희에게 주시며 가라사대 이것은 너희를 위하여 주는 내 몸이라 너희가 이를 행하여 나를

---

69 **24** and when he had given thanks, he broke it and said, "This is my body, which is for you; do this in remembrance of me." **25** In the same way, after supper he took the cup, saying, "This cup is the new covenant in my blood; do this, whenever you drink it, in remembrance of me."

70 **26** While they were eating, Jesus took bread, and when he had given thanks, he broke it and gave it to his disciples, saying, "Take and eat; this is my body." **27** Then he took a cup, and when he had given thanks, he gave it to them, saying, "Drink from it, all of you. **28** This is my blood of the[b]covenant, which is poured out for many for the forgiveness of sins.

71 **22** While they were eating, Jesus took bread, and when he had given thanks, he broke it and gave it to his disciples, saying, "Take it; this is my body." **23** Then he took a cup, and when he had given thanks, he gave it to them, and they all drank from it. **24** "This is my blood of the[c] covenant, which is poured out for many," he said to them.

기념하라 하시고 **20** 저녁 먹은 후에 잔도 이와 같이 하여 가라 사대 이 잔은 내 피로 세우는 새 언약이니 곧 너희를 위하여 붓는 것이라 (누가복음 22:19~20) [72]

고린도 전서는 기록하기를, 예수가 사도들의 발을 씻고 "내가 너를 사랑한 것처럼 서로 사랑하라"는 새 계명을 주었으며, 그가 출발을 준비할 때 사도들을 부르는 자세한 작별 인사, "종이 아닌 친구"라는 그의 가르침을 따르라고 말했다.

다른 모든 유대인처럼 제자들도 "언약" 개념에 익숙했을 것이다. 최후의 만찬은 유대 민족이 중요한 종교 축제 중 하나인 유월절 축하를 준비할 때 열렸다. 유월절 축제는 그들의 조상들과 함께 하나님 "언약"의 취임식을 축하하고 회상했다. 하나님이 이스라엘을 이집트의 노예 제도에서 어떻게 구원했는지 기억하며 감사를 드렸다. 하나님께 순종하고 헌신했다. 이후로 그들은 스스로 자신을 "언약의 백성"으로 간주, "언약"은 하나님과 백성 사이의 모든 관계를 나타내는 짤막한 표현이 되었다.

예수는 자기 죽음을 새로운 "계약"식과 비교할 때, 제자들에게 하나님을 통해 새로운 구원의 행동을 수행, 충성심과 헌신의 약속이 그 혜택을 공유하는 사람들에게 요구하였다. 하나님의 새 왕국은 예수의 죽음과 그에 따른 부활과 성령의 선물로 의해 자유의 새로운 삶이

---

72 **19** And he took bread, gave thanks and broke it, and gave it to them, saying, "This is my body given for you; do this in remembrance of me." **20** In the same way, after the supper he took the cup, saying, "This cup is the new covenant in my blood, which is poured out for you.

가능해졌다.

바울은 최후의 만찬에 대한 역사 기록을 제시하지 않고, 성찬이 기독교인들에게 하나님의 빚을 짐을 계속 상기시킴이 의도이다. 복음서의 경우 최후의 만찬은 더 복잡하다. 복음 필자들은 이것을 역사적 설명으로 분명하려 했기 때문에, 최후의 만찬이 유대인 유월절을 축하했는지, 예수가 제자들과 다른 잔치를 지키고 있었는지다.

예수가 어떤 유대 축제를 지키는지 묻는다면 최후의 만찬에 대한 완전 설명이 불가능하다. 만찬에서 예수가 한 일은 전통 관습과 일치한다. 그가 하는 일의 본질은 유대 종교 달력의 특정 상황에 정확히 맞지 않을 수 있다. 제자들이 유월절을 축하한 것 같지는 않지만, 최후의 만찬은 유월절 식사의 공식적인 설정을 따랐다.

예수의 독창성에 여유가 있다. 유월절의 희생 제물 양이 없음은 만찬에는 중요치 않다. 이 시점에 예수는 일어날 일을 알고 있었고, 하나님이 이미 어린 양을 주었음을 주장했다. 성전 법정에서 하나님의 과거 구원의 상징이 희생됨과 동시에 십자가에 못 박힘은 우연이 아니었다. 예수의 죽음은 고대 의식을 재해석함이 아니고 첫 유월절과 관련된 사건들을 요약하고 대체하는 혁명적 길로 안내한다. 최후의 만찬에서, 하나님 나라는 핵이 될 사람들에 둘러싸이며, 예수는 새 방식인 읽기와 포도주로 그들의 자유를 위해 자신을 바쳤다. 그러므로, 이것은 교회 안에서 예수가 발표한 새 방법의 외부적 표시들과 그의 죽음과 부활, 그의 영혼의 계속적 임재를 통해 제자들은 통합되었다. Maundy 목요일에 기념되며, 최후의 만찬은 성찬을 위한 성서적 근거를 제공, "성찬식" 또는 "주의 만찬"으로도 알려져 있다. 학자들은 최후의 만찬을 초기 기독교 성찬 전통의 근원으로 본다.

요한복음 (13:4~15) 발 씻기

4 저녁 잡수시던 자리에서 일어나 겉옷을 벗고 수건을 가져다가 허리에 두르시고 **5** 이에 대야에 물을 담아 제자들의 발을 씻기시고 그 두르신 수건으로 씻기기를 시작하여 **6** 시몬 베드로에게 이르시니 가로되 주여 주께서 내 발을 씻기시나이까 **7** 예수께서 대답하여 가라사대 나의 하는 것을 네가 이제는 알지 못하나 이 후에는 알리라 **8** 베드로가 가로되 내 발을 절대로 씻기지 못하시리이다 예수께서 대답하시되 내가 너를 씻기지 아니하면 네가 나와 상관이 없느니라 **9** 시몬 베드로가 가로되 주여 내 발 뿐아니라 손과 머리도 씻겨 주옵소서 **10** 예수께서 가라사대 이미 목욕한 자는 발 밖에 씻을 필요가 없느니라 온 몸이 깨끗하니라 너희가 깨끗하나 다는 아니니라 하시니 **11** 이는 자기를 팔 자가 누구인지 아심이라 그러므로 다는 깨끗지 아니하다 하시니라 **12** 저희 발을 씻기신 후에 옷을 입으시고 다시 앉아 저희에게 이르시되 내가 너희에게 행한 것을 너희가 아느냐 **13** 너희가 나를 선생이라 또는 주라 하니 너희 말이 옳도다 내가 그러하다 **14** 내가 주와 또는 선생이 되어 너희 발을 씻겼으니 너희도 서로 발을 씻기는 것이 옳으니라 **15** 내가 너희에게 행한것 같이 너희도 행하게 하려하여 본을 보였노라[73]

---

73 **4** so he got up from the meal, took off his outer clothing, and wrapped a towel around his waist. **5** After that, he poured water into a basin and began to wash his disciples' feet, drying them with the towel that was wrapped around him. **6** He came to Simon Peter, who said to him, "Lord, are you going to wash my feet?" **7** Jesus replied, "You do not realize now what I am doing, but later you will understand." **8** "No," said Peter, "you shall never wash my feet." Jesus answered, "Unless I wash you, you have no part with me." **9** "Then, Lord,"

요한복음 (20:11~18) 나를 만지지 말아라

11 마리아는 무덤 밖에 서서 울고 있더니 울면서 구푸려 무덤 속을 들여다보니 **12** "흰 옷 입은 두 천사가 예수의 시체 뉘었던 곳에 하나는 머리 편에, 하나는 발 편에 앉았더라 **13** 천사들이 가로되 여자여 어찌하여 우느냐 가로되 사람이 내 주를 가져다가 어디 두었는지 내가 알지 못함이니이다 **14** 이 말을 하고 뒤로 돌이켜 예수의 서신 것을 보나 예수신줄 알지 못하더라 **15** 예수께서 가라사대 여자여 어찌하여 울며 누구를 찾느냐 하시니 마리아는 그가 동산지기인 줄로 알고 가로되 주여 당신이 옮겨 갔거든 어디 두었는지 내게 이르소서 그리하면 내가 가져가리이다 **16** 예수께서 마리아야 하시거늘 마리아가 돌이켜 히브리 말로 랍오니여 하니 (이는 선생님이라) **17** "예수께서 이르시되 나를 만지지 말라 내가 아직 아버지께로 올라가지 못하였노라 너는 내 형제들에게 가서 이르되 내가 내 아버지 곧 너희 아버지, 내 하나님 곧 너희 하나님께로 올라간다 하라 하신대" **18** 막달라 마리아가 가서 제자들에게 내가 주를 보았다

Simon Peter replied, "not just my feet but my hands and my head as well!" **10** Jesus answered, "Those who have had a bath need only to wash their feet; their whole body is clean. And you are clean, though not every one of you." **11** For he knew who was going to betray him, and that was why he said not every one was clean. **12** When he had finished washing their feet, he put on his clothes and returned to his place. "Do you understand what I have done for you?" he asked them. **13** "You call me 'Teacher' and 'Lord,' and rightly so, for that is what I am. **14** Now that I, your Lord and Teacher, have washed your feet, you also should wash one another's feet. **15** I have set you an example that you should do as I have done for you.

하고 또 주께서 자기에게 이렇게 말씀하셨다 이르니라[74]

상 피에르, 모아삭 E7: 발 씻기

요한복음(13:34) 을 묘사한다. 남쪽 기둥머리에서 예수는 베드로 앞에 무릎 꿇는다. 각자의 후광이 표시, 그들 사이에 물 대야의 흔적이 있다. 베드로 뒤에 안드레와 바울이 대화하며, 반대편에는 사도 야고보, 요한, 빌립 및 도마가 이 장면을 이야기하는 것 같다. 서쪽 기둥머리에 두 사도는 예수가 씻은 발을 말리기 위해 천을 잡는다. 중심에 서 있는 인물 조각은 집게손가락을 든 상태로 지적했을 것이다. 세 사도는 비문으로 식별되지 않는다. 어린 야고보, 유다와 시몬일 것이다. 이들 사이에 MANDATVM 비문은 "너희를 사랑한 것 같이, 너희도 서로 사랑하라"이다.

---

73 **11** Now Mary stood outside the tomb crying. As she wept, she bent over to look into the tomb **12** and saw two angels in white, seated where Jesus' body had been, one at the head and the other at the foot. **13** They asked her, "Woman, why are you crying?" "They have taken my Lord away," she said, "and I don't know where they have put him." **14** At this, she turned around and saw Jesus standing there, but she did not realize that it was Jesus. **15** He asked her, "Woman, why are you crying? Who is it you are looking for?" Thinking he was the gardener, she said, "Sir, if you have carried him away, tell me where you have put him, and I will get him." **16** Jesus said to her, "Mary." She turned toward him and cried out in Aramaic, "Rabboni!" **17** Jesus said, "Do not hold on to me, for I have not yet ascended to the Father. Go instead to my brothers and tell them, 'I am ascending to my Father and your Father, to my God and your God.'" **18** Mary Magdalene went to the disciples with the news: "I have seen the Lord!" And she told them that he had said these things to her.

새 계명을 너희에게 주노니 서로 사랑하라 내가 너희를 사랑한
것 같이 너희도 서로 사랑하라 (요한복음 13:34)[75]

동쪽 기둥머리에 바돌로매와 마태는 각자 무릎에 닫힌 책을 지탱
하며 다른 열린 책을 쥐고 있다. 구약과 신약의 상징으로, 책들은
반대쪽의 발 씻기 장면과 연결된다. 승원의 입장에서 이것은 목요
일에 수행된 발 씻기 의식의 구체적 언급이다. 이 의식 동안 승원장
은 최후의 만찬 전의 예수 그리스도를 기억하며 열두 명의 가난한
사람들의 발을 씻겼다. 거룩한 일주일 동안 승원 회랑에서 수행되
는 발 씻기는 죄의 용서, 회개, 겸손으로 해석된다.

---

75 **34** "A new command I give you: Love one another. As I have loved you, so you must love
one another.

산타 마리아, 튜델라 E2: 최후의 만찬

십자 후광의 예수는 기둥머리 중심에 있다. 식탁보로 덮였고 접시, 칼 및 빵으로 차린 식탁에 사도들과 동행한다. 베드로는 예수 오른쪽에 앉았고 반대편에는 수염 없는 요한이다. 그는 앞으로 구부리고 머리를 예수 무릎에 눕힌다 (요한복음 13:25) [76]. 식탁 뒤의 아홉 인물 조각 일부는 잘 보존되지 않았다. 식탁 앞에서 웅크린 유다는 제자들과 분리된다. 그의 배신은 예수가 예고하였으며, 네 복음에 기록되었다 (마태복음 26:23 [77]; 마가복음 14:17 [78]; 누가복음 22:21 [79]; 요한복음 13:26 [80]). 유다의

---

76 **25** 그가 예수의 가슴에 그대로 의지하여 말하되 주여 누구오니이까 **25** Leaning back against Jesus, he asked him, "Lord, who is it?"

77 **23** 대답하여 가라사대 나와 함께 그릇에 손을 넣는 그가 나를 팔리라 **23** Jesus replied, "The one who has dipped his hand into the bowl with me will betray me.

78 **17** 저물매 그 열 둘을 데리시고 와서 **17** When evening came, Jesus arrived with the Twelve.

79 **21** 그러나 보라 나를 파는 자의 손이 나와 함께 상위에 있도다 **21** But the hand of him who is going to betray me is with mine on the table

80 **26** 예수께서 대답하시되 내가 한 조각을 찍어다가 주는 자가 그니라 하시고 곧 한 조각을 찍으셔다가 가룟 시몬의 아들 유다를 주시니 **26** Jesus answered, "It is the one to whom I will give this piece of bread when I have dipped it in the dish." Then, dipping the piece of bread, he gave it to Judas, the son of Simon Iscariot

형상은 정확한 중심에 위치하지 않은 예수에 구성상 평형을 만든다. 북서 기둥머리의 네 다른 장면은 남서쪽의 것과 비슷하게 이야기 순서를 만들며 두 그룹으로 나뉜다 (발 씻기, 최후의 만찬, 대제사장 의회, 배신). 최후의 만찬은 성 목요일에 저녁 미사로 기념된다. 십자가 처형과 죽음은 성 금요일이며 성 토요일에 예수 매장이다. 부활은 일요일 저녁 기도(Vespers)와 함께 축하 된다.

산타 마리아, 튜델라 E4: 예수 체포, 유다의 키스, 말고

복음서에 세 이야기는 예수의 체포, 유다의 키스를 통한 예수 배신, 대제사장 하인 말고를 칼로 치고 그의 오른쪽 귀를 자르는 베드로가 거의 동시에 묘사된다. 북동쪽 기둥머리 모서리에 유다의 키스를 통한 예수의 배신이 표현된다. 예수는 그에게 키스하려는

작은 유다로 얼굴을 돌린다. 한 무리의 군인과 장교, 제사장, 시민들로 둘러싸여 있다. 여덟 명의 남자는 수염 가진 사람, 일부는 머리를 가린 사람 – 타원형 및 둥근 방패, 칼, 횃불 또는 축으로 무장되었다. 예수로 향한 인물은 짧은 튜닉을 입었으며 일부는 망토와 긴 바지 차림이다. 동쪽에 말고가 나타난다. 시몬 베드로는 말고의 머리카락을 붙잡고 오른쪽 귀를 자른다. 말고의 열린 손은 위로 향한다. 고통의 몸짓이다. 두 사람 앞에 서 있는. 바울은 무릎으로 말고 옆구리에 밀어붙여 그를 고정하는 베드로를 돕는다. 예수 체포에 사도의 격렬한 반응이다. 전체 구성은 표현 자세와 움직임에 조각가의 관심을 나타낸다.

산 페드로 데 라 루아, 에스테야 N2: 예수 매장, 무덤 방문, 예수 강림, 나를 만지지 말아라

예수의 매장은 그의 지상 생활의 시리즈로 끝내며, 다음 두 기둥머리(N3, N4)에서 취급된다. 동쪽 기둥머리에서 나무 그루 옆의 매장이다. 요한복음(19:38~42)[81]에만 언급된다. 아리마대의 요셉과

---

81 **38** 아리마대 사람 요셉이 예수의 제자나 유대인을 두려워하여 은휘하더니 이 일 후에 빌라도더러 예수의 시체를 가져가기를 구하매 빌라도가 허락하는지라 이에 가서 예수의 시체를 가져가니라 **39** 일찍 예수께 밤에 나아왔던 니고데모도 몰약과 침향 섞은 것을 백 근쯤 가지고 온지라 **40** 이에 예수의 시체를 가져다가 유대인의 장례 법대로 그 향품과 함께 세마포로 쌌더라 **41** 예수의 십자가에 못 박히신 곳에 동산이 있고 동산 안에 아직 사람을 장사한 일이 없는 새 무덤이 있는지라 **42** 이 날은 유대인의 예비일이요 또 무덤이 가까운고로 예수를 거기 두니라 **38** Later, Joseph of Arimathea asked Pilate for the body of Jesus. Now Joseph was a

니고데모는 네 기둥에 놓인 장식 석관에 예수 몸을 향료와 함께 세
마포로 쌌다. 그 위 하늘에서 내려오는 두 천사가 펄럭인다. 각자
향로와 성배를 손에 쥔다. 서쪽 기둥머리에서 무덤에 세 마리아 중
한 명이 무릎 꿇고, 남쪽 기둥머리 모서리에 두 명이 서 있다. 무덤

disciple of Jesus, but secretly because he feared the Jewish leaders. With Pilate's permission, he
came and took the body away. **39** He was accompanied by Nicodemus, the man who earlier
had visited Jesus at night. Nicodemus brought a mixture of myrrh and aloes, about seventy-
five pounds. **40** Taking Jesus' body, the two of them wrapped it, with the spices, in strips of
linen. This was in accordance with Jewish burial customs. **41** At the place where Jesus was
crucified, there was a garden, and in the garden a new tomb, in which no one had ever been
laid. **42** Because it was the Jewish day of Preparation and since the tomb was nearby, they laid
Jesus there.

반대편에 천사가 한 손으로 빈 무덤을 가리키고 다른 한 손으로 작은 십자를 지닌다. 그는 예수 부활 소식을 세 마리아에게 전한다. 석관 위, 측면으로 당겨지는 두 커튼 사이에서 향로는 반원형 아치에 매달린다. 지하 세계로 내려간 예수 강림은 북쪽 기둥머리에서. "만지지 말아라" 경고는 남쪽 기둥머리에 있다. 예수 강림에서 왼손에 십자를 가진 부활한 예수는 오른팔을 아브라함까지 뻗어 그와 그 뒤에 있는 아담을 지하세계에서 해방한다. 불로의 화염 가운데 세 인물이 더 나타난다. 악마가 정벌 받은 사람을 어깨에 싣고 있고, 다른 사람은 머리 위로 뒷굽을 내려 지옥(Hades)으로 향한다. 남쪽에 막달라 마리아가 나무 아래에 무릎 꿇는다. 예수는 그녀 앞에 나타난다. 십자가 담긴 지팡이를 들고 있다.

예루살렘 입성, 발 씻기, 최후의 만찬

산 후앙 데 라 페냐

십자가 처형, 십자가에서 내림

에스타니, 산티아나 델 마르

CHAPTER

6

예수의
선지자와 사도들

세례 요한

—

예수가 약 30살 이었을 때, 사촌인 세례 요한은 종교 운동을 시작하여 많은 관심을 끌었다. 그는 유대아 사막에서 낙타 털로 만든 옷을 입고 사막 음식 메뚜기와 야생 벌꿀을 먹으며 단순한 삶을 살았다. 요한은 그 당시 유일한 방랑 선지자로, 새로운 사회를 약속한 메시아에 관해 이야기하였다. 같은 사막 남쪽에서 쿰란 에세네인들과 선지자들도 로마인을 몰아낼 저항 운동을 희망하여, 요한은 유대아 사막으로 사람들을 끌어들일 수 있었다. 그의 특성 중 하나는 자신의 이름을 밝히지 않는다. 시대의 정치, 사회적 불의를 없애려 하나님이 임명한 메시아로 자신을 밝히지 않고 메시아가 올 좋은 소식을 전하려 자신을 "전령"으로 묘사했다. 구약에 익숙한 사람들은 그러한 전령이 옛 선지자 엘리야 같을 것이며 복음 필자들은 세례 요한으로 간주했을 것이다. 그의 삶 방식과 메시지는 열왕기상의 엘리야 이야기에 반영된다.

요한의 사역은 사람들이 자신의 삶을 정리, 하나님의 새로운 길을 설립하는 메시아를 만나기 위해 도덕상의 적합을 요구함이다.[82]

---

82 Josephus, 『Antiquities of the Jews』 18:5,2.

초기 선지자들은 종종 사람들에게 하나님이 요구한 도덕적, 영적 표준에 불순종을 비난했다. 요한도 마찬가지다. 사람들에게 삶 방식을 바꿀 준비를 촉구했으며 세례를 통해 변화의 열망에 도전을 초대했다. 세례는 그리스어로 "담근다" 또는 "통에 넣는다"로 번역, 요르단강에서 이루어졌다.

대부분 유대인은 세례에 익숙했다. 차츰, 유대 신앙을 받아들이기 원하는 이방인들에게 정기적으로 이 의식을 치렀으며, 예수 시대로 옮겨졌다. 사해의 에세네 종교 공동체는 도덕, 종교적 순결의 보존 방법으로 정기적으로 세례 받았으며, 쿰란 유적지에 눈에 띄는 특징은 필요한 물탱크와 복잡한 제도이다. 공동체의 세례 의식을 위해 사막에 충분한 양의 물을 공급하였다.

그러나 유대교로 개종한 세례와 요한의 세례는 완전 같지 않다. 요한의 세례는 정화 의례가 아니고, 개시(initiation)로 한 번이며 개종자들은 자신의 행로를 바꾸겠다는 의사를 선언하고 새로운 삶의 방식에 헌신함이다.

요한의 급진적 메시지는 하나님 백성의 완전 회원으로 간주하는 사람들을 불러, 이전에 불신자에게만 적합한 예식을 행함이다. 그의 견해로는, 충실한 유대인 신자들조차도 메시아가 발표하는 새로운 사회에 큰 변화가 마음에서 필요하다. 이방인들이 처음으로 하나님을 알게 되는 것처럼 다시 시작해야 한다.

요한은 자신을 메시아의 선구자로 여겼으나, 자신이 발표한 내용을 부분적으로 이해했다. 그 전의 사람들처럼 메시아의 오심을 전통적 판단과 정죄의 관점에서 설명했다. 하나님의 분노 대상이 로마인임을 여겼던 다른 종교인들보다 영적 시력이 더 명확하다.

그러나 그는 "하나님 나라"의 참된 특성을 완전히 이해하지 못했다. 즉 예수의 가르침은 저주와 판단이 아니고 사랑, 용서, 편견 없는 관심과 관대함으로, 고대 이스라엘이 이해하기에 어렵다. 이것은 하나님 뜻이 자아를 통해 행해짐이 무엇을 의미하는지 이해할 수 없던 예수 제자들에게 문제를 계속 일으켰다. 다른 사람에게 자기의 봉사를 거부하고 그들을 위해 고통을 당한다

요한은 하나님 나라의 재림을 발표했고, 무엇이 담겨있는 그 본질은 예수의 가르침으로서야 분명해졌다.

마태복음 (14:3~11) 세례 요한의 순교

3 전에 헤롯이 그 동생 빌립의 아내 헤로디아의 일로 요한을 잡아 결박하여 옥에 가두었으니 **4** 이는 요한이 헤롯에게 말하되 당신이 그 여자를 취한 것이 옳지 않다 하였음이라 **5** 헤롯이 요한을 죽이려 하되 민중이 저를 선지자로 여기므로 민중을 두려워하더니 **6** 마침 헤롯의 생일을 당하여 헤로디아의 딸이 연석 가운데서 춤을 추어 헤롯을 기쁘게 하니 **7** 헤롯이 맹세로 그에게 무엇이든지 달라는 대로 주겠다 허락하거늘 **8** 그가 제 어미의 시킴을 듣고 가로되 세례 요한의 머리를 소반에 담아 여기서 내게 주소서 하니 **9** 왕이 근심하나 자기의 맹세한 것과 그 함께 앉은 사람들을 인하여 주라 명하고 **10** 사람을 보내어 요한을 옥에서 목 베어 **11** 그 머리를 소반에 담아다가 그 여아에게 주니 그가 제 어미에게 가져가니라[83]

---

83 **3** Now Herod had arrested John and bound him and put him in prison because of Herodias,

산타 마리아, 튜델라 S11: 세례 요한의 순교

두 복음서(마태복음 14:3~11: 마가복음 6:17~28)에 기록된 세례 요한 이야기는 기둥머리 남쪽에서 시작, 시계 반대 방향으로 진행된다. 세례 요한의 순교에 앞서 헤롯의 생일 연회가 보인다. 헤롯은 식탁 오른쪽에 앉아있다. 아내 헤로디아스는 중앙이며, 갈릴리 마을에서 온 두 사람을 포함한 손님 옆이다. 남서쪽 기둥머리 맞은편에는 화려하게 옷 입은 헤로디아의 딸 살로메가 나타난다. 두 군인이 뒤따른다. 살로메는 동쪽 기둥머리에 다시 나타난다. 양손에 캐스터네츠와 함께 의붓아버지 헤롯 앞에서 춤춘다. 그의 만족 대가로, 살로메는 어머니 요청에 따라 헤롯에게 세례 요한의 머리를 부탁한다. 북쪽 기둥머리에는 내부 사각형을 향하여 사형 집행자와 이미 참수당한 요한이 표현된다. 그의 머리가 쟁반에 놓였으며, 군인에 의해 운반된다. 기둥머리는 이중 의미를 지닌다. 요한의 죽음은 순교를 상징하며 예수 그리스도의 희생 죽음을 예시한다. 또한 아내의 죽음을 초래한 헤롯의 죄에 대한 심판이다. 세례 요한의 살인, 마지막 선지자이며 순교자 중 첫 번째는 회랑 갤러리에 정점을 이룬다. 사도들의

---

his brother Philip's wife, **4** for John had been saying to him: "It is not lawful for you to have her." **5** Herod wanted to kill John, but he was afraid of the people, because they considered John a prophet. **6** On Herod's birthday the daughter of Herodias danced for the guests and pleased Herod so much **7** that he promised with an oath to give her whatever she asked. **8** Prompted by her mother, she said, "Give me here on a platter the head of John the Baptist." **9** The king was distressed, but because of his oaths and his dinner guests, he ordered that her request be granted **10** and had John beheaded in the prison. **11** His head was brought in on a platter and given to the girl, who carried it to her mother.

전형적 표현은 성 로런스의 기념과 메리의 영광에 의해 따른다. 식탁 위의 고기, 식탁보 또는 살로메의 의상과 악기는 헤롯의 생일 연회의 세부 사항을 재현하여 세련미와 품질로 이 기둥머리를 전체 앙상블로 이끈다.

베드로와 로마 교회

—

사도행전 초기 후, 베드로의 나머지 생애는 알려지지 않는다. 베드로 전서는 그가 로마에서 한때 있었다는 증거일 뿐 아니라 더 개인 사항도 제공하지 않는다. 얼마 지나지 않아 기독교인들은 베드로에 관해 구체적으로 묻기 시작했다. 안드레, 마태, 빌립과 예수의 다른 제자에 관한 것처럼, 예수가 제자에게 "바위" 교회가 세워질 것이 무엇인지 알고 싶었다.

2세기, 사도행전은 베드로가 초기에 로마에 어떻게 왔으며 크고 번성하는 기독교 공동체가 세워졌는지 알린다. 예수처럼 그는 많은 기적을 행했고, 그의 발전은 비행 능력을 갖춘 마술사 시몬이 방해했다. 로마에 베드로 사명은 네로의 박해 사건으로 인해 줄어졌다. 기독교 메시지를 선포함에 더 큰 착취를 당하여, 친구들은 도시를 떠나 순교를 피하라고 그에게 충고하였다.

베드로가 변장한 채 도시를 떠나면서 예수 자신이 로마로 들어가는 것을 보고, 유명한 구절 "주여, 어디로 가는지요"(Quo vadis Domine)를 물었다. 예수는 "십자가에 못 박히러 로마로 가고 있다"고 대답했다. 베드로는 로마로 돌아와 기뻐하며 예수를 찬양했다. 십자가에 거꾸로 매달려 죽임을 주장했다.

이 이야기는 거의 확실하고 핵심도 사실이지만, 베드로가 로마를 방문하여 그곳의 교회 사업에서 중요 역할을 했는지 또는 네로 황제가 시작한 박해로 인해 사형이 선고되었는지이다. 클레멘트 5장에서 베드로와 바울의 순교는 이 시기와 관련, 2세기 말에 이르러 사도들의 무덤은 순례지가 되었다.[84] 그 후, 콘스탄틴 황제가 기독교인이 되었을 때, 333년경 그는 그 장소에 더 정교한 신사를 지었고, 오늘날 성 베드로 대성당은 같은 장소에 있다. 고고학 조사는 콘스탄틴 기념비와 2세기 구조 흔적도 발견하여 이 일반적 설명이 확인된다.

고고학자 일부는 베드로의 무덤이라 주장하고, 한편 일부 무덤은 기독교인의 것이 아니다. 어쨌든, 네로의 박해 중에 베드로가 로마에서 순교자로 죽었을 것이며, 그의 무덤은 성 베드로 대성당 어딘가에 있을 것이다. 바울과 함께 그가 로마 교회의 창시자라는 사실을 보여줄 증거는 없지만, 초기 단계에 로마 교회의 관련으로 도시의 후원자 성자가 됨은 놀랍지 않다.

---

84 유세비우스, 『교회사(Ecclesiastical History)』, 2.25.5~7.

바울의 개종

—

바울이 초기 기독교인들의 박해하는 일을 중단하고 예수의 추종자가 된 사건으로, 서기 33~36년으로 거슬러 올라간다. 그의 출생은 서기 5년이며, 추정하기를 그의 개종은 28~31살이었을 것이다. 개종에 대한 세부적 차이점은 세 가지이다. 사도행전(9:4; 22:7~9)에서 바울의 동료들은 부활한 예수의 음성을 들었으나 아무도 보지 못했다. 밝은 빛을 보았고 들은 것은 소리였겠지만, 알기 쉬운 목소리는 아니었다. 동료들은 보고 들었음을 언급하지 않는다.

사도행전은 땅에 쓰러짐으로 언급된 유일한 사람은 바울이나, 동료들도 땅에 쓰러질 가능성을 배제할 필요는 없다. 바울은 그곳에서 사역을 다마스쿠스로 가라고 알려졌고, 사도로서의 사명이 시현(vision)으로 주어졌다. 바울은 그 후 이것을 반영하면서, 전체 경험을 그의 부름의 기회로 여겼다.

갈라디아서(1:11~12)에서 그의 메시지 내용이 다마스쿠스 길에서 그에게 전해졌음을 암시한다. 이 구별은 중요하지 않으며 각각의 경우 이야기의 다른 목적을 참조하여 설명할 수 있다. 누가복음의 필자는 이러한 강조점의 변화가 보존된 사실을 믿을만한 역사가이다. 그가 이야기를 만들어 내었다면, 한 번만 이야기했거나, 각 이야기가

성 바울의 개종, 바톨로메 에스테반 뮤리요, c. 1675~82, 스페인 마드리드의 프라도 국립 박물관

형식과 언어로 다른 이야기와 같지 않았을 것이다.

전도 전략

바울은 지중해 세계에서 가장 성공적인 기독교 선교사였다. 한 세대도 채 되지 않아 널리 여행하면서 어디든지 성장하고 활동적인 기독교 공동체를 강화했다. 그의 비밀은 무엇인가? 한 단계에서, 바울은 자신이 전령일 뿐이며, 그가 만난 사람들의 삶에 변화를 가져온 것은 하나님 영혼의 능력이라고 대답했을 것이다. 견뎌야 할 많은 어려움을 고려할 때, 그는 자신을 "일반 항아리"로 묘사했다. 하나님의 새롭게 하는 능력을 담는 임시 용기이다. 그러나 바울은 정교한 전략가였다. 그의 길은 우연이 아니었고, 그의 의사 소통 방법은 사람들이 생각하고 결정하는 방식에 대한 상당한 통찰력에 기초했다.

바울은 미개척 영역의 전도자였지만, 자신은 지리적으로 미개척지를 방문하지 않았다. 몇 달, 몇 년을 보내며 미지의 영토를 힘들며 여행하거나 먼 곳에 도달하기 위해 여러 국가를 힘들게 가로지르지 않았다. 대신 그는 로마인들이 제국을 가로질러 건설한 주요 도로를 이용했다. 정기적인 해상 노선과 결합, 모든 주요 인구 중심에 접근할 수 있으며, 이것이 바울이 방문한 곳들이다. 그는 제국 전역의 모든 남녀에게 개인적으로 복음을 전할 수 없음을 알고, 주요 도시에 열성적인 기독교 단체를 설립할 수 있으면, 그들이 좋은 소식을 더 먼 지역으로 가져갈 수 있다. 또 농촌 지역에 사는 사람들은 종종 가까운 도시를 방문해야 하고 복음도 접할 기회가 있다. 그들은 고향에 복음을 가지고 갈 것이다. 이것은 예루살렘에서 오순절에 일어난 일이며 바울은 그러한 전략이 제공하는 잠재력을 알고, 나중에 편지(골로새)를 쓴 교회 중 하나는 이렇게 설립되었다.

바울은 또한 기독교 메시지를 전할 때 다양성이 필요함을 알았다. 예수의 성공 비결은 사람들이 있는 곳 어디에서 이야기하는 능력이다. 그는 들판에 있을 때 작물 재배에 관해, 가족과 함께 아이들에 관해 이야기했다. 낚시하는 사람들과 주제는 물고기였다. 바울도 마찬가지다. 그는 유대 회당, 시장, 심지어 전통 그리스 신전 등 찾을 수 있는 곳마다 갔다. 데살로니가 회당에서는 구약 성경으로 시작했다. 그는 아테네에서 그리스인들이 찾던 "알 수 없는 신"으로부터 출발했다. 에베소서에서 기독교 복음의 의미에 관한 공개 토론에 참여할 준비가 되었다.

바울은 인간에 관해 자신의 메시지를 추상적인 명제 진술의 컬렉션으로 줄이고 스스로 소통하는 방식을 이해했다. 그의 청취자들의 관심사에서 시작이다. 때로는 공식 연설을 전달함이 적절했고, 다른 때에 그것은 잘못된 접근이었다. 바울과 그의 동료들은 자신의 영적 여정을 위한 새 방향을 찾도록 돕기 위해 사람들과 함께할 준비가 되었다. 민감성과 전도의 융통성이다.

19 내가 모든 사람에게 자유하였으나 스스로 모든 사람에게 종이 된 것은 더 많은 사람을 얻고자 함이라 **20** 유대인들에게는 내가 유대인과 같이 된 것은 유대인들을 얻고자 함이요 율법 아래 있는 자들에게는 내가 율법 아래 있지 아니하나 율법 아래 있는 자 같이 된 것은 율법 아래 있는 자들을 얻고자 함이요

21 율법 없는 자에게는 내가 하나님께는 율법 없는 자가 아니요 도리어 그리스도의 율법 아래 있는 자나 율법 없는 자와 같이 된 것은 율법 없는 자들을 얻고자 함이라 (고린도전서 9:19~21) [85]

사도행전 (9:3~19) 사울(바울)의 개종과 치유

3 사울이 행하여 다메섹에 가까이 가더니 홀연히 하늘로서 빛이 저를 둘러 비추는지라 **4** 땅에 엎드러져 들으매 소리 있어 가라사대 사울아 사울아 네가 어찌하여 나를 핍박하느냐 하시거늘 **5** 대답하되 주여 뉘시오니이까 가라사대 나는 네가 핍박하는 예수라 **6** 네가 일어나 성으로 들어가라 행할 것을 네게 이를 자가 있느니라 하시니 **7** 같이 가던 사람들은 소리만 듣고 아무도 보지 못하여 말을 못하고 섰더라 **8** 사울이 땅에서 일어나 눈은 떴으나 아무 것도 보지 못하고 사람의 손에 끌려 다메섹으로 들어가서[…] **13** 아나니아가 대답하되 주여 이 사람에 대하여 내가 여러 사람에게 들사온즉 그가 예루살렘에서 주의 성도에게 적지 않은 해를 끼쳤다 하더니 **14** 여기서도 주의 이름을 부르는 모든 자를 결박할 권세를 대제사장들에게 받았나이다 하거늘 **15** 주께서 가라사대 가라 이 사람은

---

85 **19** Though I am free and belong to no one, I have made myself a slave to everyone, to win as many as possible. **20** To the Jews I became like a Jew, to win the Jews. To those under the law I became like one under the law (though I myself am not under the law), so as to win those under the law. **21** To those not having the law I became like one not having the law (though I am not free from God's law but am under Christ's law), so as to win those not having the law.

내 이름을 이방인과 임금들과 이스라엘 자손들 앞에 전하기 위하여 택한 나의 그릇이라 **16** 그가 내 이름을 위하여 해를 얼마나 받아야 할 것을 내가 그에게 보이리라 하시니 **17** 아나니아가 떠나 그 집에 들어가서 그에게 안수하여 가로되 형제 사울아 주 곧 네가 오는 길에서 나타나시던 예수께서 나를 보내어 너로 다시 보게 하시고 성령으로 충만하게 하신다 하니 **18** 즉시 사울의 눈에서 비늘 같은 것이 벗어져 다시 보게 된지라 일어나 세례를 받고 **19** 음식을 먹으매 강건하여지니라 사울이 다메섹에 있는 제자들과 함께 며칠 있을쌔 [86]

---

86 **3** As he neared Damascus on his journey, suddenly a light from heaven flashed around him. **4** He fell to the ground and heard a voice say to him, "Saul, Saul, why do you persecute me?" **5** "Who are you, Lord?" Saul asked. "I am Jesus, whom you are persecuting," he replied. **6** "Now get up and go into the city, and you will be told what you must do." **7** The men traveling with Saul stood there speechless; they heard the sound but did not see anyone. **8** Saul got up from the ground, but when he opened his eyes he could see nothing. So they led him by the hand into Damascus. […] **13** "Lord," Ananias answered, "I have heard many reports about this man and all the harm he has done to your holy people in Jerusalem. **14** And he has come here with authority from the chief priests to arrest all who call on your name." **15** But the Lord said to Ananias, "Go! This man is my chosen instrument to proclaim my name to the Gentiles and their kings and to the people of Israel. **16** I will show him how much he must suffer for my name." **17** Then Ananias went to the house and entered it. Placing his hands on Saul, he said, "Brother Saul, the Lord—Jesus, who appeared to you on the road as you were coming here—has sent me so that you may see again and be filled with the Holy Spirit." **18** Immediately, something like scales fell from Saul's eyes, and he could see again. He got up and was baptized, **19** and after taking some food, he regained his strength. Saul spent several days with the disciples in Damascus.

바울의 개종(부분), 1370, 로렌조 베네치아노 (1336∼1379), 베를린 국립박물관

사도행전 (12:1~18) 성 베드로 감옥에서 도망

1 그 때에 헤롯왕이 손을 들어 교회 중 몇 사람을 해하려하여 **2** 요한의 형제 야고보를 칼로 죽이니 **3** 유대인들이 이 일을 기뻐하는 것을 보고 베드로도 잡으려 할쌔 때는 무교절일이라 **4** 잡으매 옥에 가두어 군사 넷씩인 네 패에게 맡겨 지키고 유월절 후에 백성 앞에 끌어 내고자 하더라 [⋯] **7** 홀연히 주의 사자가 곁에 서매 옥 중에 광채가 조요하며 또 베드로의 옆구리를 쳐 깨워 가로되 급히 일어나라 하니 쇠사슬이 그 손에서 벗어지더라 **8** 천사가 가로되 띠를 띠고 신을 들메라 하거늘 베드로가 그대로 하니 천사가 또 가로되 겉옷을 입고 따라 오라 한대 **9** 베드로가 나와서 따라갈쌔 천사의 하는 것이 참인줄 알지 못하고 환상을 보는가 하니라 **10** 이에 첫째와 둘째 파수를 지나 성으로 통한 쇠문에 이르니 문이 절로 열리는지라 나와 한 거리를 지나매 천사가 곧 떠나더라 [⋯] **16** 베드로가 문 두드리기를 그치지 아니하니 저희가 문을 열어 베드로를 보고 놀라는지라 **17** 베드로가 저희에게 손짓하여 종용하게 하고 주께서 자기를 이끌어 옥에서 나오게 하던 일을 말하고 또 야고보와 형제들에게 이 말을 전하라 하고 떠나 다른 곳으로 가니라 **18** 날이 새매 군사들은 베드로가 어떻게 되었는지 알지 못하여 적지 않게 소동하니[87]

---

87 **1** It was about this time that King Herod arrested some who belonged to the church, intending to persecute them. **2** He had James, the brother of John, put to death with the sword. **3** When he saw that this met with approval among the Jews, he proceeded to seize Peter also. This happened during the Festival of Unleavened Bread. **4** After arresting him, he put him in

상 피에르, 모아삭 E2: 베드르와 바울의 순교

기둥머리 동쪽에 네로 황제가 자리 잡는다. 오른손에 왕권 지팡이를 들고 왼손 집게손가락으로 성 베드로와 바울의 처형을 명령한다. 이 명령은 군인에 의해 전달된다. 북쪽 기둥머리에서 베드로는 머리를 아래쪽으로 십자가에 못 박혔다. 망치를 들고 있는 처형자들이 그의 뒤에 서 있다. 왼쪽과 오른쪽 탑은 로마 도시이다. 반대편에 바울은 군인에 의해 참수당하고 땅에 쓰려졌다. 그 뒤에 큰 천사가 플란틸라(에로파지트 디오니소스의 전설에 따르면)를 사도에게 주어 그의 눈을 묶을 수 있었다. 회랑 조각에서 반복되는 성경의 "밝힘" 주제이다. 서쪽 기둥머리에서 안뜰을 바라본 곳에 천사는 펼쳐진 날개로 순교의 작은 영혼을 받는다. 군인과 바울 사이에 작은 사각형 구멍이 꽂혀있다. 1793년 조그만 유물함이 포함된 것으로, 매년 6월

---

prison, handing him over to be guarded by four squads of four soldiers each. Herod intended to bring him out for public trial after the Passover. […] **7** Suddenly an angel of the Lord appeared and a light shone in the cell. He struck Peter on the side and woke him up. "Quick, get up!" he said, and the chains fell off Peter's wrists. **8** Then the angel said to him, "Put on your clothes and sandals." And Peter did so. "Wrap your cloak around you and follow me," the angel told him. **9** Peter followed him out of the prison, but he had no idea that what the angel was doing was really happening; he thought he was seeing a vision. **10** They passed the first and second guards and came to the iron gate leading to the city. It opened for them by itself, and they went through it. When they had walked the length of one street, suddenly the angel left him. […] **16** But Peter kept on knocking, and when they opened the door and saw him, they were astonished. **17** Peter motioned with his hand for them to be quiet and described how the Lord had brought him out of prison. "Tell James and the other brothers and sisters about this," he said, and then he left for another place. **18** In the morning, there was no small commotion among the soldiers as to what had become of Peter.

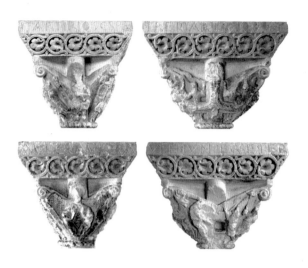

29일 승원장은 사도 베드로와 바울 이름으로 향을 피웠다. 금고 형태의 이 유물은 이례적이며, 기둥머리가 조각 장식이지만, 경건한 이야기로 단순한 표현 이상의 역할을 보여준다. 임포스트 블록의 비문은 베드로와 바울의 순교를 새겼다.

산타 마리아, 튜델라 S4: 사울(바울)의 개종과 치유

다마스쿠스/다마섹으로 가는 길에 부활한 예수를 만난 기독교인 박해자 사울은 그의 말에서 쫓겨나 하늘을 비추는 빛에 눈을 멀게 한다 (사도행전 9:3~19). 기둥머리 동쪽에는 예수의 형상이 땅 위 사울에 쏟아지는 구름 속에서 뜬다. 그 아래 십자 후광, 수염 및 긴 머리카락을 가진 예수, 비문 시그마 HIS를 칼라토스에서 인식할 수 있다. 예수는 손을 들며 짧은 튜닉과 군인 외투를 입은 대머리의 사울을

가리킨다. 사울은 한 손으로 칼을, 다른 한 손으로 두루마리를 휘두른다. 이 장면은 북동쪽 기둥머리 모서리에 있고 하늘의 소리를 들으면서 그의 가슴에 손을 접는 사울과 함께 여행하는 남자들의 한 명이 관찰한다. 남쪽과 남동쪽 기둥머리의 인물은 해석할 수 없다. 머리를 잃은 모서리 조각은 그의 오른손을 올린 그 뒤의 둘째 인물을 움켜쥔다. 사울을 다마스쿠스로 인도하는 여행 동반자일 것이다. 서쪽에 맹인이 된 사울이 잠자리에 누워있다. 그의 베개는 격자 모양 패턴으로 장식되었다. 한 인물이 사울에 굽히고 있다. 그의 윤곽과 지팡이를 쥔 왼손만 유지되나, 다른 손으로 맹인 사울를 치료하는 아나니이다. 북쪽 기둥머리에는 음식 한 그릇과 빵 한 조각을 들고 곱슬머리의 수염 없는 남자가 있다. 사울은 음식을 먹고 힘을 얻었다 (사도행전 9:19).

산 페드로 데 라 루아, 에스테야 N9: 헤롯 앞에 성 베드로, 감옥에서 도망

사도 베드로 체포와 감옥의 도망이 표현된다. 기둥머리는 세면에 아치로 건축되었다. 서쪽과 동쪽 기둥머리들은 장식된 이중 아치 안의 인물들을 보여준다. 동쪽 기둥머리에서 헤롯 아그리파 왕 앞에 성도들의 설득으로 시작된다. 왼쪽에 왕관을 쓰고 앉아있는 왕은 그의 말을 올리며 베드로를 체포하라는 명령을 내린 것처럼이다. 오른쪽 아치 밑에서 헤롯의 욕심쟁이 중 한 명이 사도행전 (12:1~18)에 설명된 것처럼 사도를 감옥에 가두고 있다. 북쪽 기둥머리에 베드로는 두 병사 사이에서 자고 두 쇠사슬로 묶임을 당하나 천사가 뒤에서 날아간다. 다음 장면은 천사가 이마에 닿아 베드로를 깨워 도망가도록 서쪽으로 이어진다. 사도가 도망하는 동안 방패로 무장한 군인들 옆에 있다. 마침내 베드로는 감옥 바깥의 천사로 이어지는 철문을 통했다. 도시 자체는 남쪽 기둥머리 전체를 차지하며 건축 배경은 흙벽으로 구별된다. 산 페드로 데 라 루아의

수호 성인 베드로에게 헌납된 다른 기둥머리가 없음은 놀라운 일이지만, 근처의 성의 폭발에 따라 승원의 많은 부분이 파괴되었다.

상 피에르, 모아삭 S6: 성 스데반의 순교

동쪽 기둥머리에 있는 스데반 머리에 후광은 파괴되었다. 콘솔 블록에서 벗어나 릴리프로 돌출된 삼각형 앞에 위치하며 만도라를 이룬다. 옆에 두 동료는 기도나 승인으로 팔을 들었다. 북쪽 기둥머리는 성도를 중심으로 후광으로 보인다. 두 사람이 고문당한다. 서쪽 기둥머리 성자의 돌로 쳐 죽임이 보인다. 순교자는 사도행전 (7:55~60)[88] 구절처럼 포즈와 자세에 정확히 일치한다. 남쪽 기둥머리에 성자의 석관이 두 기둥 위에 놓이며 비문 SEPVLCRV [M]이

---

88 **55** 스데반이 성령이 충만하여 하늘을 우러러 주목하여 하나님의 영광과 및 예수께서 하나님 우편에 서신 것을 보고 **56** 말하되 보라 하늘이 열리고 인자가 하나님 우편에 서신 것을 보노라 한대 **57** 저희가 큰 소리를 지르며 귀를 막고 일심으로 그에게 달려들어 **58** 성 밖에 내치고 돌로 칠째 증인들이 옷을 벗어 사울이라 하는 청년의 발앞에 두니라 **59** 저희가 돌로 스데반을 치니 스데반이 부르짖어 가로되 주 예수여 내 영혼을 받으시옵소서 하고 **60** 무릎을 꿇고 크게 불러 가로되 주여 이 죄를 저들에게 돌리지 마옵소서 이 말을 하고 자니라 **55** But Stephen, full of the Holy Spirit, looked up to heaven and saw the glory of God, and Jesus standing at the right hand of God. **56** "Look," he said, "I see heaven open and the Son of Manstanding at the right hand of God." **57** At this they covered their ears and, yelling at the top of their voices, they all rushed at him, **58** dragged him out of the city and began to stone him. Meanwhile, the witnesses laid their coats at the feet of a young man named Saul. **59** While they were stoning him, Stephen prayed, "Lord Jesus, receive my spirit." **60** Then he fell on his knees and cried out, "Lord, do not hold this sin against them." When he had said this, he fell asleep.

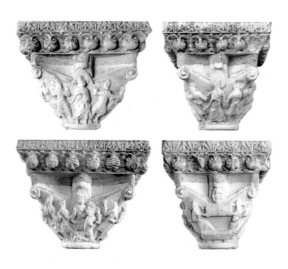

뚜껑에, BEATI ST[E]PH[AN]I는 앞쪽에 새겨져 있다. 415 년에 발견, 원래의 뼈가 제거된 성 스데반의 무덤이다. 석관 위에 두 남자가 가슴에 천으로 덮인 성자의 유물을 가지고 있다. 하나님의 손이 콘솔 블록에 표시된다. 보통 돌로 죽이는 장면에서 찾을 수 있다.

여러 표현을 한 예는 오세르 상 제르망의 카롤링 토굴 또는 까오르 성당 북쪽 포털인데 1140년경이다.

산타 마리아, 튜델라 S10: 성 야고보의 순교

성 야고보 이야기는 북동쪽 기둥머리에서 시작된다. 서기 43/44 년에 유대 왕 헤롯 아그리파가 야고보의 순교를 선고한 사건이다. 헤롯은 그의 위치와 병사들이 장식 방패와 칼로 그의 뒤에 서 있어, 통치자로 제시된다. 수염 난 사도는 긴 튜닉과 망토를 입고 있다.

그는 후광으로 구별되고 비문으로 식별된다. 그는 부하에 이끌리고 집게손가락으로 왕을 가리킨다. 남쪽 기둥머리에 성자의 처형이 나타난다. 사형 집행인은 칼로 팔을 올린 채 야고보를, 참수하였다. 그 앞에 사도의 침체한 몸이 무릎으로 굽힌다. 그의 머리는 그 앞에 놓여 있다. 여기도 비문이 IACOBVS(야고보)이다. 성령이 구름을 뚫고 나오는 비둘기 형태로 나타난다. 야고보 순교의 전설은 그의 유물을 스페인으로 가져감의 기둥머리의 다음에 끝난다. 전설에 의하면, 네 제자가 성인의 남은 시체를 배에 태우고 현재 북스페인 산티아고 데 콤포스텔라 근처의 갈리시아 해안 이리아 플라비아로 수송하였다. 그의 유물이 여전히 숭배되는 곳으로, 중세기 예루살렘, 로마와 함께 유명한 산티아고 순례길이다.

산 페드로 데 라 루아, 에스테야 N6: 데시우스 황제 앞의 성 로런스, 순교, 천국에 로런스 영혼

사도들의 성경 행위와 묵시적 출처에서 묘사한 성 로런스의 삶이다. 북쪽 기둥머리에서 이야기가 전개되며 성자가 데시우스 황제 앞에 나타난다. 오른손에 왕관과 왕권 지팡이를 가진 황제는 왼쪽에 반원형과 소형 건축의 아치 아래에 있다. 가슴 판과 함께, 다른 의복 위에 입힌 전례 의복인 달마를 입고 그 앞에 서 있는 교회 보물 관리자인 로런스로 향한다. 로런스는 교회의 두 아치로 둘러싸여 교회 재산을 가난한 자에게 분배한다. 동료들에게 사랑을 찬양하는 표현이다. 남쪽 기둥머리에 네 인물이 서 있다. 그중 한 명이 손에 칼을 들고 있다. 교도관 히포리투스의 개종일 것 같지만 정확히 식별할 수 없다. 마침내 성도의 순교가 동쪽 기둥머리에 보인다. 여기도 돌 침식으로 손상되었으나, 아래 중앙에서 석쇠를 분별한다.

그 위에 죽은 순교자 영혼이 두 천사의 지지를 받는 만도라로 나타난다. 두 악마가 동행한다. 석쇠 끝에 무릎 꿇는 두 인물이 그 아래에서 불을 붙인다. 오른쪽의 남자가 올려진 손에 막대기를 쥐고 있다.

생트 마리 마들렌, 베즐레 26: 성 마르탱과 이교도 신성한 소나무
기둥머리 정면에 아치형 가지와 잎 달린 나무가 있다. 오른쪽에 짧은 의복을 입고 위로 올린 도끼를 들고 있는 맨발의 모습이다. 오른쪽에 체발(tonsured)하고 민소매 외투에 성직 지팡이를 든 마르탱은 검지와 가운뎃손가락으로 도끼를 위로 올린 인물을 향해 몸짓한다. 왼쪽에 주요 장면을 향한 두 인물은 머리카락이 길고 짧은 튜닉에 망토를 입었으며 크고 둥근 평평한 물건을 가진다. 오른쪽 중 하나는 테두리가 장식된 둥근 모자 모양의 머리 장식이다. 그는 머리를 돌려 동료를 보며 왼손으로 중앙 장면을 향하게 한다. 일부 이론은 이교도의 대제사장을 제안하지만, 대부분은 뚜르의

성 마르탱(316~317 또는 336~397)과 이교도의 신성한 나무로 식별한다. 마르탱과 골 지방의 초기 주교는 많은 이교도 사원과 신성한 나무를 무너뜨렸다. 이교도는 마르탱이 나무가 쓰러질 수 있는 곳에 설 때 나무 자체를 자르겠다고 제안했다. 나무가 마르탱에게 넘어지려 하자 그는 십자 표적을 만들어 나무는 다른 방향으로 쓰러졌다. 마르탱의 또 다른 유명한 이야기는 가난한 거지에 자기의 망토를 반으로 잘라 나누는 것이다.

생트 마리 마들렌, 베즐레 62: 성 안토니의 유혹?

기둥머리 왼편에 맨발의 은둔자 성 안토니가 몸을 기울여 손을 모은다. 후드가 달린 망토를 착용한다. 중앙에는 탑에 매달린 한 인물이 세 악마에 고통을 받는다. 탑은 높이가 잘린 축이고, 높이의 대부분은 특색이 없지만 약간 뒤로 설정되어 상단에 둥근 아치를 가진 두 큰 좁은 창이 있다. 이 층의 측면을 통해 큰 인물이 뒷면에 있다. 목, 소매, 밑단이 장식된 짧은 옷을 입고 있고, 세 악마에

고통받는다. 왼쪽 악마 중 하나가 매달린 인물의 수염을 당긴다. 탑 앞에 다른 악마가 정지되어 탑 인물의 머리카락을 당긴다. 오른쪽에는 매달린 인물의 오른팔과 왼쪽 다리를 당기는 또 다른 더 큰 악마가 있다. 악마들은 나체이며 갈비뼈와 근육이 보인다. 그들은 둥근 머리가 크고 평평한 이빨을 가진 입을 벌린다. 깃털 날개로 그 중 하나는 작은 꼬리를 가진다. 왼쪽 머리는 비교적 짧은 머리카락이나, 다른 두 머리는 생트 마리 마들렌의 악마처럼 덤불 머리카락이다. 오른쪽은 수도사 또는 은둔자로 다른 인물이다.

CHAPTER

7

로마네스크 승원 회랑의
성경 인물 조각

건축 양식

—

12세기가 시작되기 직전 로마네스크 양식이 등장하면서 성스러운 공간과 기둥머리 회랑의 전반 성격에 큰 영향을 미치며 중세 조각 건축 장식의 주요소가 되었다. 이전에는 기둥머리 장식에 식물, 동물 형태 또는 의인화 형태로 제한했으나[89], 이제는 이야기의 집단을 포함하도록 스펙트럼을 넓혀 구약과 신약, 역사 사건, 모범, 풍자 및 우화를 묘사하는 기능을 추가했다.

로마네스크 기둥머리는 필수적인 건축 구성 요소로서 이 새로운 이야기 요소를 물리적인 특성에 통합했다. 삼차원 적 독립 기둥은 모든 측면에서 볼 수 있는 회랑에 특히 적합하다. 그들은 릴리프 구성의 시리즈로 이야기할 가능성을 제공하는 동시에 기둥머리와 회랑의 다른 장식 요소 간에 대화를 촉진할 수 있다. 기둥머리와 회랑 단지의 기능적 설계 사이의 공간적 상호 관계가 추가로 중요하다. 기둥머리에 주제와 모티브 배치는 때에 따라 관망자 측에 미적 및 기능적 상호 작용을 허용하며 회랑과 관련된 전례적 역할과 의식

---

89 저자가 쓴 『중세 승원 회랑의 초목과 꽃 조각 장식』(2018, 이담북스)과 『중세 승원 회랑 조각에 나타난 동물 우화 마뉴스크립의 종교적 상징』(2019, 이담북스)을 참조.

관행에 아이디어를 제공한다.

로마네스크 양식 기둥머리에 중요한 곳은 프랑스 랑그독 루시옹, 스페인 북부, 이탈리아 시칠리아이다. 예로 산타 마리아, 튜델라 의 산타 마리아 회랑은 이야기와 비유(figurative) 릴리프의 조각 기둥머리 들로 스페인에서 가장 중요한 건축 기념물 중 하나이다.

산타 마리아 (Santa Maria), 튜델라, 스페인

12세기 후반 세워진 산타 마리아 회랑은 12개의 파괴 기둥머리에도, 역사 기둥머리의 큰 숫자로 총 64개의 기둥머리 중 43개 이상이 이야기 형식이다. 이야기 주기는 새 로마네스크 양식이 조각적 혁신과 결합한 프로젝트가 개발되던 1170년경의 비옥한 예술 환경 스타일과 특성으로 인해 발생했다. 1119년 아랍 도시 튜델라를 정복하고 에브로 계곡을 통해 기독교 확장에 따라, 도시의 주요 모스크가 철거되면서 그 기초 위에 교회가 세워졌다. 1121 년부터 교회는 왕실 교회로 선포되면서 왕국과 직접 연결되었다. 왕실 예배 당국의 주권자, 공증인 또는 서기관 공동체의 고위 구성원들을 통해 특별 보호를 받았다. 정전(canon)으로 인정받은 비-주교 어거스틴 수도회가 정치적으로 나바레 왕국에 종속되었음에도, 산타 마리아는 1143년 후 아라곤 왕국에 흡수된 타라고나 주교에 의존했다.

회랑의 건축 역사는 확실치 않지만, 1156년 의회와 감독 간의 화해는 평화로운 분위기를 조성, 승원을 위해 기부 및 부동산 구매가 이루어졌다. 나바레 왕국의 "현명한 왕" 산초 6세(1150~1193) 통치 아래, 5개의 후진을 가진 성가대석, 회랑과 주변 벽이 세워졌다. 회랑 북쪽 벽에 1174년 장례식 비문이 완공의 초기 시기를 암시한다. 교회는 그전 튜델라를 정복한 아라곤의 자라고자 성당과 동시 세워졌다. 회랑은 불규칙한 측정(18 x 24m)으로 이전에 점령한 모스크를 설명한다. 승려 기숙사는 북쪽, 챕터 하우스와 승원 학교는 동쪽, 식당은 남쪽, 창고 및 기타 보조 건물이 서쪽에 있다. 복원 작업에 12 아케이드가 더 긴 갤러리 쪽에, 9개는 다른 쪽에 있는 받침대 벽으로 개조되었다. 아치 자체는 북쪽과 남쪽 갤러리에 셰브런 모양, 동쪽과 서쪽에는 기하 밴드의 마름모꼴 몰딩으로 장식되었다. 내부 정원으로 향한 본래 통로는 재구성할 수 없다. 단독 기둥머리에 채워진 교대식 이중 및 삼중 열의 지탱 시스템은 1160~1180년경 개발한 스페인 로마네스크 건축 양식 및 조각품의 혁신과 일치한다.

기둥머리의 이코노그라피 프로그램은 일관성을 가져, 탄생, 사순절, 부활절, 성도들의 이야기 주기는 예수 그리스도의 임재를 보인다. 북쪽에는 어린 시절부터 공적 삶, 수난, 죽음, 부활에 이르는 예수의 삶에 관한 이야기 장면들이다. 동쪽에는 사도직과 지역 사회의 삶에 집중된다. 이를 보완하는 성경의 도덕 장면은 주로 남쪽과 서쪽 갤러리이다. 특히 서쪽에는 사자, 유니콘, 독수리, 수탉, 하피,

멧돼지, 토끼 및 개의 동물 모티브가 식물과 종종 결합한다. 기둥머리 위 임포스트 블록은 인터레이스, 팔레트, 잎 또는 나선형 모티브의 기하 밴드로 장식, 남서쪽 모서리에는 괴물 같은 머리를 제외하고 더 형상적 모티브가 나타나지 않는다.

기둥머리의 릴리프는 입체적이며 돌에 깊이 새겨져 있다. 머리 형상은 크고 타원형이며, 인물은 땅딸막하고 몸은 방대하고 강력하다. 그들의 옷은 화려하고 주름이 정교하다. 워크숍은 서술적 구성, 공간 설정 및 모뉴멘탈리티의 특이한 능력을 겸비한 세부 묘사에 일관성을 가진다. 스타일은 나바레(에스테야의 산 페드로 데 라 루아), 아라곤(자라고자) 및 카스틸(소리아)의 로마네스크 건축 조각의 걸작과 상응한다. 미학적 외에도. 신약의 여러 모범과 비유의 표현을 공동체에 가져왔다. 즉, 예수 그리스도의 신성과 인간의 이중성을 회랑 공간에 형성했다.

산 페드로 데 라 루아 (San Pedro de la Rua), 에스테야, 스페인

상 페드로 데 라 루아는 산티아고 순례 길에 위치한다. 총 19 기둥머리가 있는 북쪽과 서쪽 갤러리만 현존, 두 기둥머리가 교회 남쪽 후진에 있는 무덤과 서쪽 갤러리의 무덤 사이에 보존된다. 일곱 기둥머리가 이야기 장면으로 지적 반영의 뛰어난 품질이 증거가 되며, 장식 주제는 순교와 성경의 비유 및 동물과 식물이다. 이코노그라피는 인근의 성 폭파의 피해로 가려져 있고, 1572년 기둥머리 절반이 파괴되었다.

1090년 왕 산초 라미레즈(1076~1094)에 의해 세워지며, 순례지 길의

순례자들에 보호를 제공하고 스페인의 모슬렘 점령에 대한 요새를 건립하려는 목적이었다. 중세 마을 센터, 여관 및 병원은 무역 확대와 함께 성장함에 따라 승원은 순례 길에 중요한 역할로 발전했다. 교회는 고딕 양식으로 완성되었고 그 역사에 대해 알려진 바가 거의 없다. 기록 자료들과 건물 구조 연구는 현존 교회가 1160년~1180년 사이에 "현명한 왕" 산초 6세의 통치 기간 날짜를 허용한다.
넓고 긴 계단의 연속은 산 페드로 데 라 루아 교회의 북쪽 포털까지 고르지 않은 지형으로 이어진다. 로마네스크의 후기 포털로 다소 고딕 양식을 지니며 13세기 후반 종탑 옆에 세워졌다. 교회

본당의 성가대석은 12세기 후반으로 여러 단계에 세 개의 높은 후진으로 확대되었으며, 중앙 후진은 나중에 벽에 내장된 세 개 후진 예배당으로 변형되었다. 이 특이성은 프랑스 남부 지역에서 나바레로 수입되었다.

회랑은 교회 남쪽에 접하며 불규칙한 사다리꼴은 지형의 불균일성 탓이다. 1572년 성 파괴 후 회랑은 20세기 복구에 기둥머리들의 순서와 배치가 원래의 것과 일치함은 불가능하다. 반원 아치와 쌍을 이루는 열(colonnette)에 놓여있는 기둥머리를 가진 9개의 아케이드로 구성된다. 모서리에는 둥근 지지대가 곱해지고 기둥으로 묶였다. 열의 규칙적 순서는 서쪽 정원 입구에 중단되며, 네 열이 구부러지고 꼬여 있다. 평행이 거의 없는 특유로 실로스나 오스마 회랑에서 볼 수 있다.

북쪽 갤러리 기둥머리는 예수의 어린 시절, 수난과 부활, 순교자들의 이야기에 이들을 식별하기 위해 비문이 상단에 있다. 서쪽에는 동물과 환상적인 동물과 식물 모티프를 가진 다른 비유 프로그램이다.

고고학적 특징은 1160~1170년으로 거슬러 올라가는데, 텍스트와 이미지의 밀접한 관계는 스페인 로마네스크 회랑의 특징이다. 비문에도, 표현된 이야기는 복잡하고 해독하기 힘들어 같은 기둥머리나 인접한 기둥머리의 것과 관련해서 읽어야 한다.

회랑 기둥머리들에 여러 형태 표현이 있지만, 일관되고 균질한 스타일로, 특징은 삼 차원적, 풍부한 장식, 복잡한 구성이다. 소형 건물도 나타난다. 모습들은 다소 양식화되었지만 자세는 다양하다. 옷과 휘장 주름의 조각은 개략적이다. 기둥머리 스타일은 팜플로나,

산티아고 데 푸엔테 라 레이나의 외관과 관련 있다. 실로스의 스타일에 유사성이 지적되었다.

CHAPTER

8

—

서기 천년:
말세와 그 여파

말세 천년

—

모든 사람은 천 년 끝을 알리는 팡파르 소리를 상상하면서 귀가 긴장되었다. 세상을 심판할 자가 천둥과 번개 속에 구름을 타고 내려올 것으로 예상, 그의 천사의 나팔 소리에 놀라지 않을 것이다. 우주 대홍수로 인한 후회는 거의 없고, 사람들은 제사장들에게 그들의 영혼을 구속하려 행렬에 무엇이든 바쳤다. 인류가 무덤에 누울 준비가 된 것처럼, 십자군 소동, 교황권과 제국 싸움, 이탈리아와 프랑스 공동 전쟁의 반란이 선포되었다. 밀라노, 겐트, 라온, 리옹에서 인간 영혼을 되살리려는 성육신 정신으로 새 사회 공동체 코뮌의 설립, 그 후 국가로 이어진다.

이 탄생은 유혈과 고통이 동반되었다. 이탈리아 롬바드 연맹, 독일 라인강, 플랑드르 겐트 공동체, 프랑스 라온과 베즈레의 작은 공동체가 동요와 무질서로 조직되었다. 일시적 힘에 대한 불멸의 권리 투쟁으로, 십자의 상징으로 장식한 요새는 무너졌고, 부패, 굴욕, 파멸, 봉건주의는 세 번이나 타격 맞으며, 세상은 해방되었다.

단일 구조의 프랑스는 영웅시대의 영광을 모으는 과정에서 유럽 어느 지역보다 우수성을 가졌다. 난기류로 변화한 많은 기후에 영토는 점차 핵으로 묶였고 충실한 공동체 도움으로 왕권이 복귀되었다.

루이 9세는 영주의 정의를 없애고 사적 결투를 폐지했다. 찰스 7세는 자신의 군대를 설립, 재정 준비를 했으며, 루이 11세는 왕관의 주요 속국을 분쇄했다. 로마의 중앙 집중 권력에 고울 지방의 민족 정신과 독립 감각을 겸비한 프랑스 국가 탄생은 유럽 문명 전체를 상징했다.

그렇다면, 저주받은 중세는 역사에 발전 혹은 퇴보 시기였는가? 사람들은 질병과 가난 속에서 고생하고, 희망하고, 사랑했던 전환 시대였다. 가혹과 부드러움, 열정과 영혼의 단순을 결합한 사회로 현대인에게 강한 호소력을 지닌다.

사회

묵시록이 예언한 것처럼 천 년이 지나면 사탄은 감옥에서 풀려나오고, 죽음과 지옥은 그 속의 죽은 자들을 구해 내어, 그들이 살았을 때 한 일에 따라 심판한다. 교회는 말세가 가까웠다는 불확실한 이 예언을 믿음으로, 모든 기독교국을 설득했다. 어떤 자는 천년 마지막 날은 부활절 일요일, 어떤 자는 전 창조는 끔찍한 대격변 속에서 소멸한다고 추정했다.

결과로, 생이 멈춘 듯했다. 즐거움, 사업, 관심사, 땅 경작을 포함한 모든 것이 무시 혹은 중단되었다. 오지 않을 미래에 왜 일을 해야 하는가? 차라리, 인간의 영원한 구원에 관한 논쟁을 생각하자. 사회 전체에서 사람들은 개혁하고 참회하고 창조주를 만나려 준비했다. 복음은 그들이 이 가난에서 해방되면 죄가 완화될 것이라고 약속했다. 재앙이 가난한 사람들뿐 아니라 부자, 심지어 종교 단체도 파괴하지 않는가? 사람들은 순진한 희생으로 교회와 승원에 가지고 있는 모든 것을 바치려 서둘렀다.

신성한 건물에서 붐비고 일곱 천사의 나팔 소리를 기다리며 최고의 심판을 헛되게 기다렸다. 자연에 아무 변화가 없었다. 삶은 다시 시작되었지만, 교회는 이 주장을 거부, 기부받은 것을 돌려주지 않고, 오히려 공포를 가져와 모든 재산을 지켰다. 더욱이, 세상의 임박한 멸망에 대한 믿음은 사람들 마음에 쉽게 소멸하지 않았으며, 예전과 같은 기부는 11세기까지 이루어졌다.

그 중, 유명한 순례도 맹세와 신성 모독에 대한 처벌이다. 왕 필립 아구스트는 맹세를 싫어해, 그 앞에 맹세할 사람이면 즉시 그를 호수나 강에서 익사시켰다. 성 루이는 신성 모독자들의 혀를 뚫고 뜨거운 철로 이마에 소인을 찍었다. 이 가혹한 처벌에 교황 클레멘트 4세는 1264년 12월 채찍질로 한정된 칙령을 내렸다.

성당과 승원 건축

중세는 열렬한 믿음 시대로, 시민과 종교의 삶이 합병되었다. 교회가 로마 바실리카를 이어받아 세워지며, 독실한 영혼들에 영적 양식을 제공하는 것 외에도, 대중에게 성스러운 광경과 대부분 민사 행위에 필요성을 담당했다. 성직자들은 지식과 깨달음의 유물을 수집하려 애쓰는 한편, 성직 사무소를 통해 병든 사람을 돌보고 수감자들을 쫓고 도망친 아이들을 데려가 가난한 사람들을 구제했다. 오랫동안 마을에는 교회를 제외한 기념 건물이 없었다. 수 마일마다 바다 한가운데 등대 같은 풍경으로 교회 건물은 떠올랐고, 이 그늘

아래 평민이 살며 교회를 그들의 세습된 공통 재산으로 간주했다. 교회를 존경하고, 자랑하며 삶의 절반을 그 안에 보냈다. 교회의 풍부한 장식과 아름다운 모습으로 자신의 더러움을 잊을 수 있었고, 햇볕에 빛나는 스테인드글라스 창문이 그들 마음을 기쁘게 했다. 불행의 깊이에서 그들은 하늘을 향해 솟은 교회 첨탑을 바라봤다.

원래 성당 건물은 종교, 시민적 성격을 띤다. 신성한 예배 외 주교가 주최한 정치적 집회장이다. 12세기 말까지 대성당은 많지 않고, 승원 교회의 증가는 그 시기에 종교 수도회가 승원 봉건제를 형성, 12세기의 주교들보다 더 풍요하고 영향력을 가졌기 때문이다.

그러나, 군주국을 지지하는 주교들은 승원과 영주 군주의 봉건 세력에 대한 대중의 반응을 이용했다. 이쯤에 사람들은 코뮌을 조직하며 성당은 더 큰 규모로 재건되었다. 도시 인구는 활력과 열정으로 이 노력에 도움 줄 수 있었고, 이 운동의 원동력인 신앙은 주교들에게 엄청난 자원을 안겨 주었다.

13세기에 이르자, 군주제와 동맹으로 강화된 프랑스 성직자들은 과도한 요구를 시작하여 대중의 불안을 초래하였다. 1250년 후로는, 성당 건물에 엄청난 돈을 쏟아붓는 서두름이나 작업이 느려졌거나, 혹은 의도했던 것보다 작은 규모로 성당이 완성되었다. 광대한 건물은 미완성으로 남았고 일부는 감독, 챕터 등의 개인 자금으로 완성되었다. 대성당은 유럽에서 지적 역사의 중심지이다. 그들 회랑은 12~13세기 유명한 학교를 가지며, 그리스 고대의 성취에 필적하는 예술의 발전 장소였다.

불신, 이단, 안식일

중세 신앙의 깊이와 보급에도, 사람들에 공평한 분배가 있었다. 메즈
베리의 윌리엄에 따르면, 우연히 믿음을 가진 윌리엄 9세는 예리하
고 위험한 발언들로 기독교 신앙에 위험을 느낀 노쟁의 길베르 대주
교는 이들에 반박하는 책을 썼다. 윌리엄 9세는 프랑스 남부 방언으
로 종교와 제사장들을 희생하며 소심한 사람들조차 웃게 하는 풍요
로운 능력을 갖췄다. 심지어, 성소에서 신성한 것들을 조롱했다.

어느 부활절 전날 밤, 그는 부활 설교를 들으며 거짓말이라고 소리
쳤다. 병이 나서 소변을 검사한 후, 조기 사망을 예측한 성직자에
어떤 기증도 하지 않을 것이며, 그의 안락한 생활에 회개할 것이 없
다. 그러나 십자군이 등장했을 때, 도덕법을 무시한 거만한 기사는
굴욕적인 형제에 절했고 용감한 악행에서 징계와 회개, 무신앙에서
금욕주의, 물질에서 영적 묵상까지 하였다. 노년에 기독교 군인이
되어 승려 예복을 입고 말뚝에서 죽었다. 이 놀라운 변화는 다른 사
람들에게도 일어났다. 동시대 사람들은 자신의 과잉에 참회 습관으
로 윌리엄 9세를 모방했다.

1022년 오를레앙에서 발전한 이단은 더 심각한 문제였다. 이단자
들은 세례가 죄를 지우지 않으며, 예수가 동정녀에서 태어나지 않
았다. 수난을 겪지 않았으며, 매장되지 않았으며, 부활하지 않았다
고 단언했다. 예배에서 봉헌된 빵과 포도주는 예수 그리스도의 몸
과 피가 될 수 없다. 이 선언에, 보베의 주교 게랭은 이 종파의 두
지도자 에티엔느와 리수아에게 이것이 그들의 믿음인지 질문했다.
"그렇다. 우리의 믿음은 우리이다. 우리는 그것을 죽음까지 지켜야
한다! 세상 주인인 하나님이 우리에게 계시함을 믿는다. 꾸짖음을

멈추고 우리와 함께 일하길 바란다!" 모든 주교는 이단자들을 빛보게 할 방법이 없었다. 새벽부터 황혼까지 헛되이 노력했다. 그후, 이단자들은 왕과 왕비가 참석한 곳에서 산 채 불태워졌다.

요술

더 한심한 사회 현상은 정기적으로 안식일 모임에 참석한 마법사와 마녀의 출현이다. 모임은 외로운 곳에서 열렸으며 사탄은 거대한 숫양 모습으로 이것을 주최하였다. 이상한 모임에 참여할 사람들은 하늘에 빗자루를 타고 도착했다. 안식일은 일주일간 그들이 열심히 일한 잔치였고 절망을 대신하는 사나운 춤이 특징이었다.

이 거친 표면에는 심각한 목적이 있다. 여자는 가난과 박해만 가져다준 하나님을 포기하고 악마 사탄에 자신을 바쳐야 한다. 남자는 이 모든 것을 지나친 잔인한 즐거움으로 보았다. 안식일에 자신과 같은 비참한 존재들을 불만에 빠뜨리고 절망과 분노로 열광했다. 악마 잔치들은 12세기 이후 중세에 몇 끔찍한 반란을 일으켰다.

1300년에 존재한 검은 대중(black mass)은 농민 봉기를 초래했다. 굶주리고 반쯤 벗은 사람들이 만나는 목적은 기쁨의 기대가 아니고 복수에 대한 열망이었다. 재단은 "반역자 종, 하늘에서 부당하게 쫓겨난 옛 무법자, 땅을 지배했던 정신과 식물 열매를 맺게 한 주인에게"라는 명예를 기리기 위해 세워졌다. 식사는 공통으로 하였다. 검은 옷을 입은 가짜 사탄은 화염 근처에서 뿔을 올렸으며, 고르지 않은 불빛의 흔들리는 광선은 이것을 극적으로 만들었다. 모든 참석자는 그리스도를 포기하고 새 주인에 경의를 표했다. 그들 각각은 여자를 동반했다. 식사 후, 사나운 광란의 춤이 시작되었다. 섬망(delirium) 상태에 사탄 아내가 나타나며, 그녀의 몸은 제단 위에 놓였다. 밀 곡식은 만물을 성장케 하는 땅의 영혼에 바쳐졌고, 주인이 앉은 주위로 케이크가 분배되었다.

이 잔치는 두 측면을 지닌다. 남녀 평민에 식별되지 않는 측면은 기쁨, 즐거움, 술 취함의 영원한 전시이다. 다른 측면은 사회 반란이다. 하나님은 일부 사람에게 부와 풍성함을 주었고, 그 외는 굶주림과 싸움으로 정죄시켰다. 불의의 하나님을 징벌하려 사람들은 그를 포기하고 그의 원수 사탄을 숭배했다. 믿음의 행위가 아니고 항의였다. 승려 사제는 욕을 당했고 시민 당국은 저주받아 멸시받았다. 왕, 귀족, 성직자들에 향한 분노에 오래 참은 군중들은 어두운 밤에 주먹을 하늘로 내밀어 확립된 질서에 대항하며 신성을 모독했다.

이상한 연고, 분말 및 음료는 주술에 큰 역할을 했다. 이 목적에 선택된 식물은 유독하고 부패한 것으로, 바람직한 동물은 뱀, 늑대, 올빼미, 두꺼비이고, 범죄자, 교수형 죄수 및 파문당한 인간 시체도 찾았다. 스페인 『그라마리 책(Book of Gramarye)』 혹은 주문서 처방은 "두꺼비, 뱀, 도마뱀, 민달팽이 및 못생긴 곤충을 잡아라. 두꺼비와 파충류를 치아에 바르라. 교회 묘지에서 가져온 신생아 뼈와 두뇌를 냄비에 끓여서 악마의 축복을 받아라."

이 소름 끼치는 관행이 대중 마음의 일반적인 공포에 영감을 주었으므로, 마녀와 마법사는 어떤 날씨도 바꿀 수 있다고 믿었다. 중세에 걸쳐 그들은 정기적으로 말뚝에 사형당함이 거의 모든 유럽에서 예사였다. 요술에 대한 비난은 모든 면에서 일어났고 프레더릭 바바로사 황제, 실베스터 2세 교황을 포함하여 높은 곳으로 겨냥되었다.

순례: 중세의 큰 행사

——

종교적 열망으로 천년 경의 또 다른 표명은 순례였다. 역사가 라울 글래버는 이 현상에 관해, "수많은 무리가 예루살렘의 예수 무덤을 향했다. 사회의 가난한 지역 출신의 평민, 시민, 왕, 설교자, 귀족과 평민 여자들이 큰 무리를 따라 여행했다." 모슬렘 아랍인들은 처음에는 이러한 큰 이동을 통해 상당한 이익을 얻어 순례객들을 잘 응접했으나, 숫자가 계속 부풀면서 기독교 침략을 두려워하기 시작했다. 예루살렘이 이슬람의 하캄과 그의 광신자 종파에 정복되었을 때, 순례자들은 온갖 종류의 무관심과 폭력을 당했다. 심지어 성묘 (the Holy Sepulchre)도 모독당했다. 이 잘못된 대우는 십자군 전쟁을 일으켜 무장한 십자군 순례가 시작되었다.

종종 순례는 단순한 것 같지만 어려웠다. 순례자들은 맨발 걷기, 자루를 매고 걷기 등의 가혹한 조건을 강요당했다. 보통 그룹으로 여행하고 미리 지정된 지점에서 멈췄다. 그들이 걸을 때 순진한 믿음의 상징으로 기도서 성가(canticles)를 불렀는데, 그중 일부는 현재까지 남아 있다. 성묘는 그들이 가던 유일한 성당만이 아니다. 로마 근처의 로레토, 스페인 산티아고 데 콤포스텔라, 프랑스의 생 마르탱 데 뚜르, 몽생미셸, 생트 마리 마들렌, 베즐레는 존경받는 순례지로 10~13세기까지 수많은 순례자가 이곳을 방문했다.

이러한 헌신은 성직자들에 의해 장려되어, 자연히 성직자들은 큰 이익을 보았다. 그들은 중세 생활의 둔함에서 쾌적한 구호를 제공했으며 변화에 대한 인간의 영원한 갈망을 만족시켰다. 순례 길은 안전하지 않고 길고 힘들었지만, 많은 순례자가 순례 망토와 지팡이를 갖고 싶었다. 그들 중 일부는 진실한 신심을 통한 행위나, 일부는 큰 범죄의 대가로 불안을 만족시키거나 심심풀이였다. 그리고 많은 평민은 빈곤, 학대, 압제를 피하고 순례자들이 누리는 특권을 즐기는 목적이었다.

실제 이러한 특권은 실질성을 가졌다. 순례자들은 성스러운 자들로 여겨졌으며, 누구도 그들 중 하나에 대항하면 파문에 시달린다. 모든 승원은 정식 규칙과 대왕 샬레마네가 정한 교회 평의회의 법령(Capitulars)에 따라 순례자들을 뜨거운 열에서 보호하고 마실 물을 제공했다. 거의 모든 곳에서, 식량이 없는 그들에게 음식이 제공되었다.

『직업인 책(Le Livre des Metiers)』은 순례 여행을 떠나기 위해 사업을 포기한 독실한 상인에게 부여된 특권을 상세히 기록한다. 칼 장수, 유리 제작자, 포목상, 상감 보드 제작자, 보석 제작자, 방패 제작자 및 기타 사람들은 외국 땅에 감으로, 그들 수습생에 양보할 권리가 있다. 이 표현은 "순례 성지"를 의미한다. 민물고기 상인은 산티아고 데 콤포스텔라 또는 로마로 순례했을 때 아내, 자녀 또는 사업을 담당하는 다른 사람을 배치할 수 있다. 지역 사회 요원으로서 마을 주민들은 출발 전에 미리 당국에 통보하면, 지방 자치 단체에 위약금을 지급하지 않고 순례를 떠날 수 있었다.

"로망 드 레나르(Roman de Renard)" 이야기는 순례와 순례자의 습관을 재미있게 이야기한다. 로마로 가고 싶었던 한 영웅은 수많은 모험 후 시도를 포기하고 동료에게 말했다. "당신은 아주 옳다. 당신을 모방할 것이다. 로마에 가본 적이 없는 많은 훌륭한 사람이 있으며, 그곳에 떠나기 전보다 그곳에 갔다 와서 더 나빠진 사람들이 너무 많다! 나는 집으로 돌아갈 것이다. 그곳에서 일하고, 가난한 사람들에게 선한 일을 하고, 훌륭한 기독교인으로 살며, 세상의 도로를 여행했던 것처럼 그들을 위해 나의 이런 행동이 하나님을 기쁘게 할 것이라고 믿는다."

중세인에게, 먼 순례는 하나님이 그의 피조물의 몸과 마음의 고통을 되살리기 위한 최고 노력으로 보였다. 그러나 순례는 항상 자발적이 아니다. 교회 재판소는 종종 심각한 죄의 대신 속죄로 순례를 이용했다. 예루살렘, 산티아고, 로마는 범죄를 저지르는 주요 순례지이고, 프랑스와 인근 국가들은 작은 순례지로 알려졌다.

예로, 1278년 프랑스 크레테이 근처에 세 살인 사건이 발생, 메스리 시장과 다른 세 사람이 용의자였다. 시장은 즉시 성지로 파견되었고, 공범자들은 더 멀리 산티아고로 가야 했다. 1275년, 왕의 종은 승천 날 노트르담 교회에서 셔츠만 입었고, 그의 영주가 다른 십자군 전쟁을 시작하기로 선택했을 때 역시 성지로 가야 했다.

항상 천국과 조건을 걸 수 있었다. 변심에 빠진 기독교인들, 또는 그들의 죄에 대한 속죄로 순례를 요구받은 사람들은 돈으로 길고 위험한 여행을 피했다. 남, 여 중개자들의 직업은 다른 사람들의 죄에 대한 용서를 구하기 위해 대신 성지로 가는 것이다. 여러 중세 기록에서 나타난 실질 사업이었다.

유물

일상생활에 유물은 중요한 역할을 했다. 맹세는 성자의 유물을 장악하는 것과 마찬가지다. 13세기 직업 길드에서 수습생과 노동자들이 직업의 다음 단계로 나가기 전에 항상 성인들에게 그들의 거래 법령을 준수한다고 맹세했다. 그리고 유물로 채워진 작은 납 상자는 천둥과 번개로부터 보호하기 위해 교회 첨탑의 빈 곳에 배치되었다. 뚜르의 그레고리 시대부터 금메달에 성인들 잔재의 조그만 조각을 몸에 걸치는 것이 관습이 되면서, 남용의 수가 증가했다. 기사단은 유물을 사용하여 검의 손잡이를 장식했으며, 그들 아내는 "유물 지갑" 없이는 집을 떠나지 않았다. 평균 중산층의 거실은 어떤 거룩한 뼈가 들어 있는 금, 은의 작은 상자가 없으면 완성되지 않았다. 교활과 이익이 어떻게 형성된 지 상상할 수 있다.

이 뻔뻔한 유물 거래는 11세기 말, 어디서나 나타났다. 상스의 렌테릭 대주교는 모세 지팡이 조각을, 안주의 생 줄리앙에서 예수의 신발 중 하나가 발견, 세례 요한 머리는 상 장 당젤리 등등이다. 경건한 베네딕토파 회원인 노쟁의 길베르 대주교는 여러 교회에서 같은 유물이 동시 숭배될 수 있음에 불평했다. "일부 교회는 순교자 혹은 고백 자의 몸을 가진다고 자랑하고, 다른 교회들도 똑같은 것을 가진다고 주장한다. 한 몸이 동시에 두 곳에서 존재할 수 없다." 이 남용은 종교개혁에서 어떤 결과를 초래했을까?

승려

지적, 농업 및 예술 분야에서 중세 승려의 역할은 성직자의 것보다 훨씬 중요했다. 승원 도서관의 풍부한 일류미네이트 마뉴스크립을 기록, 제작이다. 화가나 조각가 승려들은 홀륭한 삶의 이미지를 소형그림, 원고 및 조각으로 승원 교회를 장식했다. 중세 평신도 예술가들도 종종 그들 작업에 포함되었지만, 항상 존경받지 않았다. 승원의 풍자 이미지는 특정 교회의 기둥머리, 성가대석 등받이와 팔걸이(미제리코드)에 나타나며, 승려와 성직자는 여러 곳에서 항상 최상 조건을 누리지 않았음이 증명된다.

CHAPTER

9

텍스트-이미지
읽기와 해석

이론적 개념

—

읽기[90]

이미지 "읽기"의 개념은 오랜 역사를 지니며, 중세기 이미지 주기에서 은유를 사용함은 교회 문맹자를 위한 수단이었다. 최근 수십 년간 학제 교류가 진행되면서 기호학과 구조주의 분석에 따라, 비언어적 의미 체계의 이미지를 언어 관점에서 보며, 그 연구 대상으로 "텍스트"가 되었다.

문화 인류학자 클리퍼드 기에르츠는 주장하기를, "문화 형태들은 사회 자료로 구성된 상상적 작품이므로 이들은 텍스트로 취급될 수 있다". 그리고, "인간 문화는 텍스트의 앙상블인 탓에...인류학자는 이 텍스트들이 적절히 속한 곳의 어깨 너머로 읽어야 하는 긴장감을 느낀다."[91]

---

90 여기 텍스트는 다음 자료에서 발췌: Sears, Elizabeth & Thelma K. Thomas (eds.) (2002) 『Reading Medieval Images』.

91 "Cultural forms can be treated as texts, as imaginative works built of social materials"; "[t]he culture of a people is an ensemble of texts···which the anthropologist strains to read over the shoulders of those to whom they properly belong."

따라서, 예술과 역사 학문 안에서 내재하는 은유는 일련의 관행을 제안한다. 우선 이미지를 읽기 위해, 어떤 종류의 지적 작업이 필요한지를 잠정적으로 정의함이다. 즉, 한 작품을 읽으려면 작품이 작동하는 역사적 특정에 관한 지식, 관련하는 이미지들과 친숙함과 협동, 시각적 장르 파악을 통한 정보 분석이다. 일반적으로, "읽기"의 동의어는 "해석"이기 때문이다.

"읽기"는 또한 마음과 관련하여 눈의 사용을 강조하는 장점이 있다. 이 용어는 다양하고 미묘한 차이점을 포함, 어떤 때는 단순히 "암호화", "디코딩", 혹은 "이해"를 뜻한다. 다른 때는 해석법에 신경 쓰며 "명료하게 하기", "내부 논리를 드러내기" 혹은 "종종 관련된 것 개발"이다. 이러한 용어의 다양성으로 해석자는 시각 자료 연구에 대한 더 넓은 의미의 "읽기"를 즐길 수 있다.

또한 "읽기"가 "독서"가 아닌 것들도 있다. 전통적으로 예술 사적 훈련인 "스타일 분석" 또는 "형식 분석"으로 "읽기"는 이 상호 관련의 관행과 동의어로 사용치 않는다. 둘 다 형태 주제(선, 색상, 구성, 취급)를 고려하고 비교한다. 이로부터 얻은 분석 기술은 작품 날짜, 현지화, 스타일 개발, 품질 측정, 예술가의 손을 식별하는 등 다양한 기능을 수행한다. 이러한 목적 중 어느 것도 현재의 예술-역사적 관행에서 가리어지지 않아, 이미지 "읽기"는 형태 축소에 세심한 주의가 필요하다.

"읽기"는 이코노그라피 해석과 동의어가 아니다. 후자는 그림 규약을 해독하는 과정을 통해 정의된 의미 탐색이다. 그리고 표현 내용(성경 이야기, 신화 또는 우화 그림)으로 쓰인 텍스트와 말로 전달되는 이야기와 관련 있다. 이 과정에는 시각적 모티프의 이전 역사를 구성하고,

주어진 그림과 개념이 시간이 지남에 따라 표현된 방식을 도표로 작성하는 작업이 포함된다. 물론, 주제의 정확한 식별과 오랜 전통 사용에 대한 인식은 현재의 예술 사적 관행에서 여전히 중요하다. 이미지를 읽는 것은 질문 내용에 관한 주의이다.

20세기에 변화가 왔다. 이미지 "읽기"가 예술 작품의 제작 및 보는 것의 재구성에 관련되어, 그들의 상호 작용에서 형태 및 내용을 분석하는 과정이다. 연구가는 이미지 제작에서 관중을 위해 스타일, 주제 및 미디어의 가능한 의미를 조립한다. 왜냐하면, 시각 기술은 문화에 따라 다르며, 관중은 다른 문화와 언어보다 시각적 특징에 더 주의가 필요함을 알고 있다.

수잔 루이스는 "이미지 읽기(Reading Image)"에서 철학, 광학, 신학, 심리학을 통해 중세 묵시록의 일러스트레이션을 읽는 방법을 모색했다. 해석가는 관중을 돕기 위해, 종교, 교육, 성별, 계급 및 민족적 요인의 영향에 귀 기울이며 특정한 신체 상황에 신경 써야 한다. 작업에 누가 접근했으며, 어떤 사회 및 종교 관행이 그 사용을 지배하는지는 이미지와 객체가 상호 배타적이 아닌 방향으로 열리게 한다. 과거 예술 작품에 대한 모든 해석이 똑같이 그럴듯하고 강력하지 않다는 전제이다. 반응을 예측하고 안내하는 인식에 대한 연구이다.

이러한 관행과 태도는 개별적으로 현시대에 새로운 것이 아니다. 예로, 중세 이미지를 이해하는 "독자"로는 예술 역사가 메이어 샤피로가 있다. 그는 1930년대 로마네스크 조각과 일류미네이트 마뉴스크립을 분석했으며 1960년대 후반에 이 정서적인 연구를 출판하였다. 샤피로 자신은 이미지와 관련하여 "읽기" 용어를 거의 연결하지 않았지만, 현재 용법과 일치하는 방식으로 사용했다. 그는 용어 "읽기"와의 연결과 대조를 계속하였다. "우리는 공간뿐만 아니라 시간 순서대로 그림을 보도록 요청받으며, 그들이 설명하는 텍스트를 읽는 것처럼 그들을 읽어야 한다."[92]

이러한 설명은 작품의 선형 평형을 읽는 것으로 정당화될 수 있지만, 전체의 표현적 특성을 간과할 것이다. 성공의 분리된 부분을 읽으면 물체의 동시 일관성에 폭력이 일어난다. 그러나 작업 설계를 더욱 더 쉽게 따를 수 있다.

독서의 은유에 대한 예술적 사용 역사는 이 분야에서 더 넓은 전류를 비출 수 있다. 이 용어를 다양하게 사용한 곰브리치는 "이미지를 만들고 읽는 과정에 실제로 무엇이 포함되어 있는지"에 인간 뇌는 그려진 구성을 결정하는 능력을 갖춘다. 더하여, 에드가 윈드는 이해력과 미적 평가에서 지식의 역할에 중점 두었다. "우리의 눈은 우리의 마음이 읽는 대로 본다."[93]

이것은 시각적 분석 결과를 전달하는 작업에 거의 적합하지 않다. 예술 사학자들은 예술 작품에 시각적 관심과 언어를 일치시키는 고유의 문제와 씨름해야 한다. 구두(oral)의 중재는 관중의 시각적 표현 경험을 안내하며 항상 그렇게 해 왔다.

19세기 초, 예술사가 학문 분야로 등장한 이후로, 학제 간 교류에 참여했으며 동종 학문과 많은 부분을 공유한다. 그러나 예술사에

---

92 We are asked to view the figures in a sequence in time as well as space, and to read them as we read the text they illustrate.

93 Our eye sees as our mind reads.

관한 글은 광범위하게 분석된 이미지를 사용하여 논쟁을 유지하고 심지어 주장으로 엇갈렸다. 따라서, 관중은 주어진 특징과 구조의 유사와 상이점을 제안하는 예술가와 동의하려 "읽기"를 통해 철학 개념을 가져왔다. 관중이 대상 내부의 방식을 다르게 하면 그 주장은 힘을 잃는다.

대상을 "실물"로 읽음은 재료, 치수, 상태, 형식, 구성, 기술 및 예술 장인에 관한 정보를 바탕으로 평가된다. 대상의 보존에 영향 미치는 요소의 물리적 분석 및 결정은 해당 개체의 사용 및 관련 의미에 대한 증거를 제공한다. 대상을 이해함은 물질적 실마리를 읽고, 존재하는 전체 범위에서 다양한 순간에 그들의 경험을 재구성함이다. 관중은 이용이 가능한 지식, 훈련 및 관행에 근거하며, 대상과 만나는 장소와 모드에 의해 더 형성됨을 인식해야 한다.

어거스틴의 기호 이론

중세기 기호 이론은 성 어거스틴이 쓴 『기독교 교리(De doctrina Christiana)』의 성찰에 많이 기인했다. 성서 해석에 대한 규칙을 제공하는 이 관구는 구약과 신약의 모호한 부분을 뚫고 싶어 하는 사람을 위한 것이다. 어거스틴은 그림보다는 말의 의미를 나타냄에 관심 가졌다. 귀보다 눈으로 소통되는 기호, 즉 "보이는 단어(verba visibilia)"로 끄덕임과 몸짓, 심지어 군대의 깃발 올리기까지이다. 그리고 단어 의미 확립에 도움 될 수 있는 비언어적 기호들 사이에 그림 표현도 포함되었다.

어거스틴은 복잡한 아이디어를 전달하는 이미지 능력을 의심하였다.

성스러운 책이 아닌 벽화에서 예수와 사도를 찾는 사람들은 한 가지 맥락에서 잘못 빠졌다. 고대 후기에 살면서, 그는 두 편의 에세이에서 다룬 같은 이미지를 상상할 수 없었다. 프로그램과 복음에 대한 자신의 영적 해석에서 파생된 주제를 포함하는 캐롤링 십자가 장면이다. 구두에서 시각적 표시로 옮겨진 어거스틴의 해석 차이는 성경 단어를 시각화, 해석 또는 암시하는 그림 이미지의 해독 과정에 명확하게 도움을 준다.

어거스틴에 의하면, 성경 독자는 두 방식으로 길을 잃을 수 있다. 알 수 없는 기호(Ignota Signa) 또는 모호한 기호(ambigua Signa)가 도중에 나타날 수 있다. 그는 전자에 치료법 지식과 기독교 텍스트 해석에 유용한 다양한 학습 방법을 설명하였다. 그러나 모호한 기호는 더 까다롭다. 먼저 기호를 문자적으로 읽을 것인지 혹은 비유적으로 읽을 것인지 결정해야 한다. 그런 후, 해석가는 문맥을 조사한다. 왜냐하면, 모호한 기호의 특성은 다양한 장소에서 반대나 다른 것을 의미하기 때문이다.

예로, 뱀의 경우이다. 뱀을 이해하려면, 해석가는 자연사에 대해 지식을 가져야 한다. 뱀 습관에 대한 지식은 정기적으로 성경에 나타난 동물과 많은 유사점이 분명하다. 그러나 뱀은 모호한 기호이므로 둘 중에서 하나를 선택하려면 무게를 측정할 준비가 필요하다. 뱀은 "뱀처럼 지혜롭다"(마태복음 10:16) 구절에서 좋은 의미이지만, "뱀은 교활함으로 이브를 유혹했다"(고린도후서 11:3)에서는 나쁘다.

어거스틴에게는, 이미지(유사한 것)를 통해 얻은 교훈을 배우는 것이 더 즐겁지만, 어려움을 이겨 의미를 발견함은 훨씬 더 가치 있다는 주장이다. 그는 영감을 받은 성서 필자가 의도하지 않은 의미, 심지어 여러 가지 의미조차도 성경의 다른 구절과 일치하는 한 유효하다.
어거스틴의 원형 모델을 따라 성경 해석가는 "불분명한 구절을 밝히기 위해 더 분명한 부분"(DC 2.31)을 사용한다. 그러나 그것은 상상력을 제한하지 않고, 성경 대상물과 기호들을 묘사하는 이미지들에 대한 중세적 접근을 상상하는 데 도움 될 수 있다.

관중은 편리하게 꾸민 이야기에 단순치 않다. 중세 관중은 보는 것에 대한 증거가 불완전하거나 결정적이지 않으며, 비교적 완벽하게 이해할 수 있는 경우에도 의미를 분명히 할 수 없다. 예술 작품에 집단 대중과 개별 관중 사이에 상호 주관적 공간이 지속하여 뉘앙스를 가져오는데, 작품의 구체적 영향이다. 관중을 고려하는 전략은 해석가가 고유의 의미가 아니라 주어진 상황에서 의미가 어떻게 생성되었는지에 초점을 맞추는 것이다. 그것은 해석 과정에 개방되어 있으며 시간이 지남에 따라 변화하는 작업의 의미를 연구할 수 있다. 관중에 관한 성격 차이는 부분적으로 해석가의 다양한 해석 전략에 의해 결정된다.

이코노그라피

"스타일"과 반대되는 "이코노그라피"는 "형태"와 반대되는 작품 "내용"을 지칭한다. 조사 방식으로서, 이코노그라피 분석은 전통적으로 그림의 유형을 식별함에서부터 선택과 주제의 구체적 표현에 내재한 더 넓은 문화적 가정의 탐사에 이른다.

이코노그라피 분석은, 1930년대 전쟁 후 미국 예술사 학계를 지배했던 에르빈 파노프스키에서 찾을 수 있다. 그는 더 깊은 의미에서 작품 내용을 다루는 광범위한 글을 썼다. "이코노그라피"란 용어는 제한적 의미를 내포한다. 그는 문화 역사학자 아비 바부르그의 어휘 "상징학(iconology)"에 끌려, 그의 지적 활동의 다양성을 홍보하려 이것을 사용했다. 파노프스키의 좁은 의미에서 이코노그라피 분석은 예술 작품 의미를 식별하기 위한 삼중 체계의 둘째 단계가 되었다. 이것은 『상징학 연구: 르네상스 예술의 인간적 주제(Studies in Iconology: Humanistic Themes in the Art of the Renaissance)』란 제목으로 1939년 영어로 첫 출판 되었다.

해석가는 "2차 또는 기존 의미" 단계에서 그림 모티브와 문학적 주제를 가진 구성을 연결해, 예술가가 의식적으로 암호로 바꾸어 쓴 의미를 해독해야 한다. 논리적 선행은 사전-이코노그리피에 관한 이해와 지식이다. 해석가는 첫, 둘째 단계를 따르면서, 셋째는 "내재적 의미 또는 내용"으로, 주어진 형태가 주어진 대상이나 사건을 나타내는 것을 인식하기 위해, 세계의 실제 경험을 이용해야 한다. "합성(synthetic) 직관"에 의존하며 문화와 시간의 태도와 정신 습관에 대한 증상으로 작품을 조사함이다.

파노프스키의 모델은 르네상스와 바로크 예술에 대한 편견과 그에 따른 문학적 토대를 한 자연주의 이미지와 묘사의 특권에 한계로 비판받았다. 더하여 관중의 응답 역할에 대한 현재 관심은 본질적인 내용에 대한 검색의 특질을 바꾸었다. 그러나 이 제도는 경제와 일관성에 인상적인 방법의 고전적 반성으로 지속하였다. 시간이 지남에 따라 그림 유형의 변화하는 의미에 대한 주장과 그것이 의존하는 형태의 축소에 주의를 위해서이다.

이야기 서술

오토 펙트에 의하면, 서술(narrative) 예술 역사는 시간 차원 매체로서, 결여한 시간적 요소를 밀매하려는 일련의 반복된 시도이다. New Vienna School 일원으로, 1925년 중세 예술 이야기에 관한 논문을 완성, 1962년에 이 주제로 재귀하여 12세기에 등장한 극화된 서술 이야기 모드를 검토했다.

그림 해설의 수단과 목적의 분석은 예술 역사적 과제의 핵심이다. 1895년 초, 획기적인 연구에서 최초의 빈 학교의 일원인 프란츠 위호프는 6세기의 빈 창세기의 일시적 성서 이야기를 조사했다. 그는 역사적으로 낡은 골동품 시대를 놓고, "그림 예술을 서술하는 데 세 방법밖에 없다"라고 결론지었다. (1) "상보적(complementary)"으로 주요 사건 전후 사건들이 특징의 반복 없이 표시, (2) 단일의 결정적 순간이 표현되는 "절연(isolating)", (3) 이야기가 계속 표현되고 중심 특징이 연속 공간에서 반복되는 "연속(continuous)"이다. 이러한 계획은 이제 개별 사례의 분석 조사보다 덜 밝게 보인다. 펙트는 그림 구조를 조사할 때, 한 예로, 성자들의 주기에서 쌍을 이루는 장면은 질문과 대답처럼 맞물려있어 서로를 설명한다. 그는 오늘날 관중을 관심 끄는 방법의 관찰을 하였다.

어쨌든, 학문 전반에 걸친 최근 발전은 언어 및 시각적 서술에 관한 연구를 두드러지게 했다. 기호 및 구조주의 이론에 의해 뒷받침되는 해설 학은 진정한 하위 학문으로 등장했다. 구두와 같은 그림 이야기는 과거, 현재, 미래 시간에 발생하는 사건을 체계적으로 표현한 것으로 분석된다. 그러나 분명한 차이점이 있다. 텍스트/단어는 일반적으로 저자에 의해 결정된 순서대로 수신되지만, 이미지/

그림은 관중에 의해 결정된 시각적 경로를 따라 또는 대부분 그렇게 이해된다.

형태와 그림의 배치를 통해 그림 서술 가는 수신(reception)에 대한 통제력을 발휘하고 관중이 이야기의 특정 읽기를 구성하도록 장려해야 한다. 때로는 그림이 의존하는 쓰여진 텍스트와의 차이에 따른 읽기도 가능하다.

참고 문헌

Adell, J. A. (1981). Introductory Notes to the Study of the Architecture of the Cloisters. *Quaderns d'Estudis Medievals I*, n. 4 & 5.

Allen, Leslie C. (1983). *Psalms 101-150. World Biblical Commentary.* Vol. 21. Nashville: Thomas Nelson.

Allsopp, Bruce (1971). *Romanesque Architecture.* London: Arthur Barker Limited.

Ambrose, Kirk T. (1999). Romanesque Vezelay: The Art of Monastic Contemplation. Ph. D. diss., University of Michigan.

Ambrose, Kirk T. (2000). Visual Pun at Vezelay: Gesture and Meaning on a Capital Representing the Fall of Man. *Traditio*, Vol. 55. Cambridge University Press. pp. 105-123.

Angheben, Marcello (2003). Daniel dans la fosse aux lions. Les chapiteaux romans de Bourgogne. Themes et programes. (ed) Brepols. pp. 181-194.

Augustine of Hippo (1972). *City of God.* (trans) H Bettenson. Middlesex: Penguin Press.

Barral i Altet, Xavier (1995). *Romanesque: Towns, Cathedrals, and Monasteries.* (trans) C. Miller. New York: Taschen.

Blanc, R. & A. (1998). *Les Symboles de l'Art Roman.* Edns du Rocher.

Blomberg, Craig L. (2009) *Jesus and the Gospels: An Introduction and Survey.* B&H Publishing Group.

Boice, J. Montgomery (2006). *Daniel: An Expositional Commentary.* Baker Books.

Borg, Alan (1972). *Architectural Sculpture in Romanesque Provence.* Oxford University Press.

Boring, M. Eugene (2012). *An Introduction to the New Testament: History, Literature, Theology.* Louisville: Westminster John Knox Press.

Boto Varela, G. & J. L. Hernando Garrido (2003). *Claustros románicos hispanos.* Edilesa.

Boto Varela, G, & Justin E. A. Kroesen (2016). (ed). *Romanesque Cathedrals in Mediterranean Europe.* Turnhout: Brepols.

Bowman, E. M. (1931). Romanesque Art: *The Cloister. The Pennsylvania Museum Bulletin* XXVI, n. 140.

Brooks, Jane (1963). *Etude sur l'iconographie des cloîtres romans de la France et de l'Espagne.* Poitiers.

Brown, Raymond E. (1999). *The Birth of the Messiah: A Commentary on the Infancy Narratives in the Gospels of Matthew and Luke.* Yale University Press.

Cabanot, Jean (1987). *Les debuts die la sculpture romane dans le sud-ouest de la France.* Paris: Picard.

Cassin, E. (1951). Daniel dans la fosse aux lions. *Revue de l'Histoire des Religions.* CXXXIX. No. 1. pp. 129-161

Cazes, Quitterie & Maurice Scellès. (2001). *Le cloître de Moissac.* Bordeaux, Sud Ouest.

Chisholm, Hugh (1911). (ed). Annunciation. *Encyclopædia Britannica, 2.* Cambridge University Press, p. 78.

Cobreros A. Jaime (1993). *El Románico en España*. Guías Periplo.

Comay, Joan & Ronald Brownrigg (1993). *Who's Who in the Bible: The Old Testament and the Apocrypha, the New Testament*. New York: Wing Books.

Comte, Suzanne (1978). *Everyday Life in the Middle Ages*. (trans) David Macrae. Bologna: Editions Minerva S.

D'Egry, Anne (1959). La escultura del claustro de la catedral de Tudela (Navarra). *Principe de Viana*. Nr. 74-75. pp. 63-107.

Dale, Thomas E. A. (2010). *The Nude at Moissac: Vision, Phantasia, and the Experience of Romanesque Sculpture. Current Directions in Eleventh- and Twelfth-Century Sculpture Studies*. (eds) Robert A. Maxwell & Kirk Ambrose. Turnhout: Brepols.

Dale, Thomas E. A. (2019). *Pygmalion's Power: Romanesque Sculpture, the Senses, and Religious Experience*. Penn State University Press.

Dent, J. M. & Sona, Bober (1989). *Religious Art in France: XIII Century, A Study of Mediaeval Art and Its Sources of Information*. (trans) Nora Nussey. London: J. M. Dent and Sona.

Deonna, Waldemar (1950). Salve me de ore leonis. A propos de quelques chapiteaux romans de la cathédrale Saint-Pierre de Genève. Rev. Belge Philop. *Hist*. XXXVII.

Dillenberger, Jane (1965, 1986). *Style and Content in Christian Art*. New York: Crossroad.

Dittelbach, Thomas (2003). *Rex imago Christi - der Dom von Monreale. Bildsprachen und Zeremoniell in Mosaikkunst und Architektur*. Wiesbaden.

Dodwell, C. R. (1993). *The Pictorial Arts of the West 800-1200*. New

Haven: Yale University Press.

Drane, John (2012). *Introducing the Bible.* Minneapolis: Fortress Press.

Durliat, Marcel (1948-54). La sculpture romane en Roussillon. vol II. *Tramontane Perpignan.* pp. 31-88.

Durliat, Marcel (1976). Les cloîtres historiés dans la France Méridionale al`époque roman. *Les cahiers de Saint Michel de Cuixa 7.*

Durliat, Marcel (1990). La Romane de la route de Saint-Jacques. De Conques à Compostelle, Mont-de-Marsan. *CEHAG.* p. 274.

Evans, Joan (1938). *The Romanesque Architecture of the Order of Cluny.* London: Cambridge University Press.

Fatigati, E. Serranbo (1899). Spanish Romanesque Cloisters. *Magazine of Archives, Libraries and Museums* III, n° I.

Ferguson, George (1961). *Signs and Symbols in Christian Art.* New York: Oxford University Press.

Flanders-Dunbar, H. (1929). *Symbolism in Medieval Thought.* New Haven: Yale University Press.

Focillon, Henri (1931). *L'art des sculpteurs romans: recheches sur l'histoire des forms.* Paris: Emest Leroux.

Focillon, Henri (1963). *The Art of the West in the Middle Ages.* London: Phaidon Press.

Forsyth, Ilene H. (2008). Word-Play in the Cloister at Moissac. *Romanesque Art and Thought in the Twelfth Century.* (ed) Colum Hourihane. Penn State University Press.

Fraïsse, Chantal (2007). Le cloître de Moissac a-t-il un programme?. *Cahiers de Civilisation médiévale,* 50, pp. 245-270.

Fundación Santa María la Real de Aguilar de Campoo, *Encyclopedia of the Romanesque of Castilla y León.*

Gaillard, G. (1933). Les chapiteaux du cloître de Sainte-Marie de l'Estany. *Gazette des Beaux-Arts.*

García Guinea, Miguel Ángel (1996). *Románico en Cantabria.* Ediciones de Librería Estvdio.

Garcia, Francisco de Asís (2009). Daniel in the Lion's Den. *Digital Journal of Medieval Iconography.* Vol. I, No. 1. pp. 11-24.

Geese, Uwe (2003). *Romanesque Art.* (ed.) Rolf Toman. Feierabend Verlag.

Green, Rosalie Beth (1948). Daniel in the Lions' Den. an Example of Romanesque Typology. Thesis. Chicago University.

Greenblatt, Stephen (2017). *The Rise and Fall of Adam and Eve.* New York: W. W. Norton.

Grodecki, Louis, F. Mütterich, J. Taralon, & F. Wormald (1973). *Le Siècle de l'an mil, 950–1050. Vol. 5, Le Premier millénaire occidental.* L'Univers des formes 20. Paris: Gallimard.

Grosset, Charles (1953). L'origene du thème roman de Daniel. Études mérovingiennes. *Actes des journées de Poitiers.* Paris. pp. 147-156.

Hannah, Ian C. (1925). *Christian Monasticism: A Great Force in History.* New York: The Macmillian Co.

Hearn, M. F. (1981). *Romanesque Sculpture: The Revival of Monumental Stone Sculpture in the Eleventh and Twelfth Centuries.* Oxford: Phaidon.

Heath, Sidney (1909). *The Romance of Symbolism, and Its Relation to Church Ornament and Architecture.* London: Francis Griffiths.

Hourihane, Colum (2008). (ed). *Romanesque Art and Thought in the Twelfth Century.* Penn State University Press.

Hunt, Noreen (1968). *Cluny under St. Hugh: 1049-1109*. Indiana: University of Notre Dame Press.

Joan Sureda i Pons, Catalunya Romanica. *Enciclopèdia Catalana*, vo. XI El Bages. pp. 206-236.

Kemp, Wolfgang (1996). Narrative. Critical Terms for Art History. (ed) Robert S. Nelson & Richard Shiff. pp. 58-69.

Kendall, Calvin B. (1998). *The Allegory of the Church: Romanesque Portals and Their Verse Inscriptions*. University of Toronto Press.

Kimel, Alvin F. (1991). The God who Likes His Name: Holy Trinity, Feminism, and the Language of Faith. *Interpretation*. 45 147.

Künstler, Gustav (1968). (ed). *Romanesque Art in Europe*. Greenwich: New York Graphic Society.

Lash, Nicholas (1986). Considering the Trinity. *Modern Theology*. pp. 183-196.

Lash, Nicholas (1992). *Believing Three Ways in One God: A Reading of Apostles' Creed*. London: SCM Press.

Lawrence, C. H. (1984). *Medieval Monasticism: Forms of Religious Life in Western Europe in the Middle Ages*. London & New York: Longman Group Limited.

Lawrence, George (1984). *The Nature of Doctrine: Religion and Theology in a Postliberal Age*. London: SPCK.

López, Esther Lozano (2015). Imágenes e itinerarios visuales en los claustros románicos de Navarra: Santa María de Tudela como estudio de caso. Fundación Santa María La Real del Patrimonio Histórico. Aguilar de Campoo.

Loughlin, Gerard (1996). *Telling God's Story: Bible, Church and*

Narrative Theology. Cambridge University Press.

Maguire, Henry (1996). *The Icons of Their Bodies: Saints and Their Images in Byzantium.* Princeton.

Mallet, Géraldine & Pere Ponsich (1993). Catalunya Romanica. Enciclopèdia Catalana, vol. XIV El Rosselló. pp. 204-209.

Margalith, Othniel (1987). The Legends of Samson/Heracles. *Vetus Testamentum.* 37. pp. 63–70.

Melero Moneo, María (1997). (ed). *Romanesque and Early Gothic Sculpture from Tudela.* Cultural Center Castel Ruiz.

Melero Moneo, M. (2008). La catedral de Tudela en la Edad Media, siglos XII al XV. vol. I, Arquitectura y escultura románica, Barcelona, Universitat Autònoma de Barcelona.

Miguel Ángel García Guinea (1996). *Romanesque in Cantabria.* Editions of Librería Estudio.

Mons. Edouard Junyent (1980). *La España Románica, Cataluña Románica.* Ediciones Encuentro.

Moure Pena, Teresa C. (2006). La fortuna del ciclo de 'Daniel en el foso de los leones' en los programas escultóricos románicos de Galicia. *Archivo Español de Arte.* LXXIX, 315. pp. 279-298.

Murphy, Kevin D. (2000). *Memory and Modernity: Viollet-le-Duc at Vézelay.* University Park, Pennsylvania: The Pennsylvania State University Press.

Mâle, Émile (1949). *Religious Art from the Twelfth to the Eighteenth Century.* New York: Pantheon Books.

Mâle, Emile (1978). *Religious Art in France, the Twelfth Century: A Study of the Origins of Medieval Iconography.* (trans) M Mathews.

Princeton: Princeton University Press.

Nicolle, David (2000). *History of Medieval Life.* London: Chancellor Press.

Nouwen, Henri J. M. (2005). *In Memriam.* Notre Dame: Ave Maria Press.

Olaneta Molina, J. Antonio (2010). La representación de Daniel en el foso de los leones en Santillana del Mar y Yermo. Revisión iconográfica y propuesta de programa salvífico. *Codex Aqvilarensis* num. 25. Fundación Santa María La Real, Centro de Estudios del Románico. pp. 9-34.

Ousterhout, Robert & Leslie Brubaker (1995). (ed). *The Sacred Image East and West.* Urbana.

Palanque, Jean-Rémy (1960). *The Dawn of the Middle Ages.* (trans) Dom Finbarr Murphy. New York: Hawthorn Books.

Panofsky, Erwin (1962). *Studies in Iconology: Humanistic Themes in the Art of the Renaissance.* Harper & Row,

Patton, P. A. (2004). *Pictorial Narrative in the Romanesque Cloister.* Peter Lang.

Pepin. Jean (1958). Saint Augustin et la function protreptique de l'allegorie. *Rechereches augustiniennes* 1. pp. 243-286.

Petzold, Andreas (1995). *Romanesque Art.* New York: Harry N. Abrams Inc. Publishers.

Porter, A. Kingsley (1923). *Romanesque Sculpture of the Pilgrimage Roads.* Boston: M. Joness.

Pritchard, James (1969). (ed). *Ancient Near Eastern Texts.* Princeton: Princeton University Press.

Pächt, Otto (1962). *The Rise of Pictorial Narrative in Twelfth-Century England*. Oxford.

Reau, Louis (1956-59). *Iconographie de l'Art Chrétien*. Paris: Presses Universitaires de France.

Redditt, Paul L. (2008). *Introduction to the Prophets*. Eerdams.

Rey, R. (1955). *L'art des cloîtres romans*. Toulouse.

Rey, R. (1955). *Les cloîtres historiés du Midi dans l'art roman*. Memoires de la société arqueologique du Midi de la France XXIII.

Rupin, Ernest. (1897). *L'abbaye et les cloitres de Moissac*. Picard: Paris.

Salet, Francis (1948). *La Madeleine de Vezelay*. Melun.

Salvini. Roberto (1962). *Il chiostro di Monreale e la scultura romanica in Sicilia*. Palermo.

Salvini, Roberto (1969). *Medieval Sculpture*. London: Michael Joseph.

Sazama, Kristin M. (1995). The Assertion of Monastic Spiritual and Temporal Authority in the Romanesque Sculpture of Sainte-Madeleine at Vezelay. Ph.D. diss., Northwestern University.

Schapiro, Meyer (1977). *Romanesque Art. Selected Papers*. Vol. 1. New York: Braziller.

Schapiro, Meyer (2006). *Romanesque Architectural Sculpture*. The University of Chicago Press.

Scott, Judy Feldman (1986). The Narthex Portal at Vezelay: Art and Monastic Self-Image. Ph.D. diss., University of Texas at Austin.

Scheifele, Eleanor L. (1994). A French Romanesque Capital of Daniel in the Lions' Den. *Bulletin of Cleveland Museum of Art*. LXXXI. pp. 46-83

Schermer, Birgitt (2002). *Der Kreuzgang des Domes in Monreale. Eine*

Untersuchung zur Genese der romanischen Skulptur Siziliens. Münster.

Scott, Elisabeth & Thelma K. Thomas (2002). (eds). *Reading Medieval Images: The Art Historian and the Object.* University of Michigan.

Sekules, Veronica (2001). *Medieval Art.* New York: Oxford University Press.

Sheppard, Carl D. (1949). Iconography of the Cloister of Monreale. *The Art Bulletin,* 31. No. 3, pp. 159-169.

Simon, David (1975). Daniel and Habakkuk in Aragon. *Journal of the British Archaeological Association.* XXXVIII. pp. 50-54.

Société Française d'Archéologie (2014). *Monunments de Tarn-et-Garonne.* Congrès Archéolohique de France 2012. Paris.

Stock. Brian (1996). *Augustine the Reader: Meditation, Self-Knowledge, and the Ethics of Interpretation.* Cambridge.

Tanton, Kristine (2013). Inscribing Spiritual Authority: the Temptation of St. Benedict Capital in the Narthex at Vezelay. *Viator* 44 No. 3. pp. 125–156.

Taylor, Michael (1980). The Pentecost at Vezelay. *Gesta* 19, no 1. pp. 9-15.

The CENOBIUM Project: Kunsthistorisches Institut in Florenz, Max-Planck-Institut.

The Hamlyn Publishing Group Limited (1979). *Life of Christ.* Feltham: Hamlyn.

Toman, Rolf (1977). (ed). *Romanesque, Architecture, Sculpture, Painting.* Köln: Könemann.

Travis Willliam (2000). Daniel in the Lions' Den: Problems in the Iconography of a Cistercian Manuscript Dijon. Bibliotheqle

Municipale, ms 132. *Arte Medievale. Periodico internazionale di critica dellárte medievale.* II Serie, anno XIV, no. 1-2. pp. 49-71.

Vergnolle, Eliane (2009). *L'Art roman en France: Architecture-Sculpture-Peinture.* Paris: Flammarion.

Viollet-le-Duc, Eugène (1873). *Monographie de l'ancienne église de Vézelay.* Paris.

Vogade, Francios (2002). *Vezelay.* Varennes-Vauzelles: Imprimerie Guillaudot.

Walsh, W. Thomas (1948). *Saint Peter the Apostle.* New York: The Macmillian Co.

Webber, F. R. (1927, 1992). *Church Symbolism: An Explanation of the More Important Symbols of the Old and New Testaments, the Primitive, the Medieval and the Modern Church.* Omnigraphics Inc.

Webster, James C. (1979). *The Labors of the Months in Antique and Early Christian Art: Third to Seventh Century.* New York.

Williams, Rowan (1991). The Literal Sense of Scripture. *Modern Theology.* pp. 121-134.

Witherington III, Ben (2015). *Reading and Understanding the Bible.* Oxford, New York: Oxford University Press.

Wolf, Norbert (2007). *Romanesque.* London: Taschen.

Womack, Mari (2005). *Symbols and Meaning: A Concise Introduction.* Rowman Altamira.

Zarnecki, Goerge (1971). *Romanesque Art.* New York: Universe Books.

Adaptation image credit: Cenobium: 59, 64-5, 70, 73, 77, 105-7, 117-8, 126-7, 147-8, 150-1, 153, 159-60, 166, 178-81, 183, 190-2, 194-5, 197-8, 200-1, 212-4, 216, 224, 238-40, 242-4. Claustro.

주요 승원: 이탈리아 몬레알레(Monreale) 승원 회랑; 스페인 산 마틴, 프로미스타(San Martin de Tour, Fromista) 본당; 스페인 산타 마리아, 튜델라 (Santa Maria, Tudela) 승원 회랑; 스페인 산 페드로 데 라 루아, 에스테야 (San Pedro de la Rúa, Estella) 승원 회랑; 프랑스 상 피에르, 모아삭(Saint Pierre, Moissac) 승원 회랑; 프랑스 생트 마리 마들렌, 베즐레(Sainte Marie Madeleine, Vezelay) 승원 회랑

이미지에 나타난 승원: 갈리강트(Galligants), 갈포트 두라턴(Galport Duraton), 갈포트 레야스(Galport Rejas), 갈포트 소우카(Galport Sauca), 갈포트 오메나카(Galport Omenaca), 두라티(Durati), 라보디우(Lavaudieu), 로아르(Loarre), 리오세코(Rioceco), 보도(Boudeau), 샤르리우(Charlieu), 산티야나 델 마르 (Santillana del Mar), 상 구갓(St Cugat), 상 후앙 데 라 페냐(San Juan de Pena), 소르드(Sorde), 상 마르티 사로카(St Marti Sarroca), 자라고자(Zaragoza), 아주에로 (Azuelo), 에스타니(Estany), 엘르느(Elne), 예르모(Yermo), 이데스(Ydes), 포아티에(Poitier)

갤러리 E(동쪽), (W)서쪽, (S)남쪽, (N)북쪽, 제목에 '기둥머리' 어휘는 삭제

산 마틴(스페인어)과 상 마르탱(프랑스어)은 같은 인물이나, 그 인물이 사용된 장소에 따라 산 마틴 혹은 상 마르탱으로 사용됨, 이러한 예는 다른 인물에서도 찾을 수 있음.